本书为山东省社会科学规划地方党史研究专项“山东古方志中青铜器资料的编纂特色与历史价值研究”（批准号：20CDSJ27）成果

山东古方志载青铜器资料辑录

亓民帅 编著

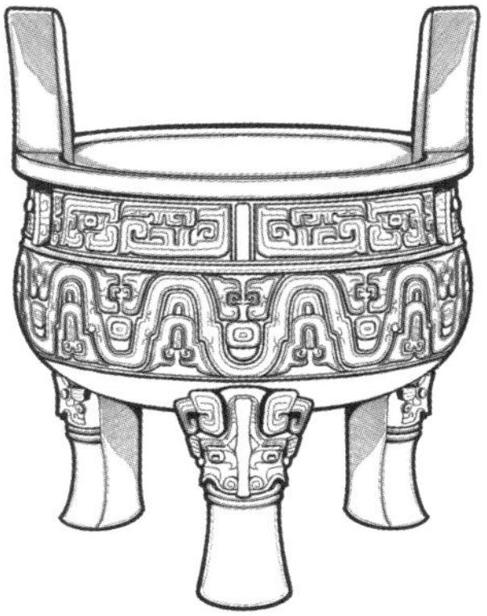

中国出版集团 東方出版中心

图书在版编目（CIP）数据

山东古方志载青铜器资料辑录 / 亓民帅编著. 一上海：东方出版中心，2023.11
ISBN 978-7-5473-2315-1

Ⅰ. ①山… Ⅱ. ①亓… Ⅲ. ①青铜器(考古)一档案资料一汇编一山东 Ⅳ. ①K876.41

中国国家版本馆 CIP 数据核字(2023)第 234989 号

山东古方志载青铜器资料辑录

著　　者　亓民帅
策划编辑　陈义望
责任编辑　陈义望　荣玉洁
封面设计　余佳佳

出 版 人　陈义望
出版发行　东方出版中心
地　　址　上海市仙霞路 345 号
邮政编码　200336
电　　话　021-62417400
印 刷 者　上海颛辉印刷厂有限公司

开　　本　890mm×1240mm　1/32
印　　张　7.875
字　　数　150 千字
版　　次　2023 年 12 月第 1 版
印　　次　2023 年 12 月第 1 次印刷
定　　价　78.00 元

凡　例

一、本书所言古方志，是以古代方志体例编纂，内容为一省、一府、一州、一县、一镇乃至一山、一林等有明确范围的区域之综合情况的志书。本书辑录范围为记录今山东省及省内各地域情况的古代方志，民国时期修撰的传统体例志书也包含在内，而碑志、金石志等专门志书，以及清末所修非传统体例的乡土志等，则不在辑录范围内。

二、本书辑录青铜器资料 344 条（不同志书中收录的同一器物资料分别计算，每部志书之“存目”计 1 条，多个同类器物有总称且集中叙述者计 1 条），其时代以商周秦汉为主，玺印、铜镜则晚至隋唐。与青铜器密切相关的 38 条封泥资料、11 条钱范资料，收入附录一《山东古方志载封泥资料辑录》、附录二《山东古方志载钱范资料辑录》。

三、本书第一章为从山东省通志中辑录的资料，第二至十四章分别为从今十三个地市的府州县志中辑出的资料（本书编者所搜集的威海、滨州、菏泽三个地市的方志中，未见青铜器资料）。方志主要来源于《中国方志丛书·山东省》（成文出版社，1968 年、1976 年）、《中国地方志集成·山东府县志辑》（凤凰出版社，2004

年)、《中国地方志集成·省志辑·山东》(凤凰出版社,2010 年)、《中国地方志集成补编·山东府县志辑》(上海书店出版社,2020 年)和爱如生《中国方志库》第 1—3 辑、国家图书馆《中华古籍资源库·数字方志》。每章内的资料以方志版本时间为序排列。

四、部分县级行政区划有所调整,或分或合,或存或无。本书以县治所在,归入今地级市之下。如清平县建制于 1956 年撤销,其辖区分别划归临清县、高唐县和茌平县,因撤销前县治为临清市康庄镇,故将其归在聊城市下。

五、本书所辑录铜器资料的顺序为方志原有。铜器的名称、时代皆为志文原文,非本书编者所定。志文原有的错字,随文注出正字,用〈〉表示;衍字、衍文,未作增删,而是加下划线,并在脚注中说明;脱文则用[]表示,补全所脱之字。在处理方志中关于青铜器铭文的释文时,一般直接采用图片,从而保持原有隶定文字和行款。如有特殊情况,则随文加脚注进行说明。方志中图片无比例尺,本书亦无,并根据排版需求加以适当调整。

六、本书标点符号依据《标点符号用法》(GB/T 15834—2011)。需特加说明的是,古人引用文献时,不一定与原文完全一致。本书编者在核查文献后,如志书所引与原文一致,则加双引号(“”);不一致的则不加。

七、本书附录三《载有青铜器(含封泥、钱范)资料的山东古方志信息表》收录了本书资料所出志书的相关信息,以便读者参考。

目　录

第一章　山东省通志载青铜器资料辑录(75 条)

(民国)《山东通志》200 卷(民国七年铅印本)

(一) 卷次：卷一百四十七《艺文志·金石·金·周器》

1. 齐陶子耣镈

惟王五月初吉丁亥齊辟陶叔之孫齊仲之
子耣作子仲姜寶鎛用蘄侯氏永命萬年耣
保其身用亯用孝
于皇祖皇叔皇妣
聖姜于皇祖有成
惠叔皇妣　有成
惠　姜皇考齊
仲皇母用蘄壽老毋死保
魯兄弟用求考命彌性肅
義政保魯子姓陶叔有成
勞于齊邦侯氏錫之邑百
有九　十　有九
邑與鄩之民　人
都鄙侯氏從告之
曰葉萬年户司孫
子勿或渝改陶子
耣曰余彌心畏忌余四事是台余爲大工暨
大使大徒大宰是司可使子孫永保用亯

右齐陶子耣镈。同治庚午四月，山西荣河县后土祠旁河岸圮出土。邑人寻氏得之，后归吴县潘氏。镈重一百二十斤，铭在两铣钲间及鼓左右，凡一百七十二字。此器不知何时入晋，今复入吴，不为山东有，然实齐器，且与薛《款》齐镈前后相辉映，谈齐故者不可少也。潘氏《攀古楼》及《山右金石记》著录，张文襄之洞、王文敏懿荣、周孟伯悦让、吴清卿大澂、胡石查义赞、杨秋湄笃皆有释文，说多可采。然或识“辟”字为辟司徒之“辟”，谓作器者之氏族。与识“辞”为嗣续之“嗣”，致以子仲姜为其母或为其女。为其母则郑庄称姜氏不可为训；为其女则祖妣皆姜氏，是婚同姓也，尤悖于理。遂谓古文郁轖，莫获达诂，过矣。兹谨采六家训诂，而下已意以解之。云“惟王五月初吉丁亥”者，此铸器刻铭之日。称“王”者，当时之王，尊周也，《春秋》书王旧史例也。《公羊》谓王为文王，非也。云“齐辟陶叔之孙齐仲之子kind”者，此述前事之词。“辟”，聘也。陶叔有功于齐，其孙kind亦能其官，故齐侯聘之而妻以女也。妻用“聘”，夫亦用“聘”，犹之女曰“寡”，男亦曰“寡”，古人不嫌同辞也。“鞫”即“陶”字，《考工记》“韗人为皋陶”，郑司农云：皋陶，鼓木。陶或为鞫。郑君谓鞫者以皋陶名官。《说文》“陶”训“陶邱”，匋为陶器，则皋陶“陶”字当以陶、匋谐声，以革会意。知者皋陶为鼓木，不得以木定字形，从革者谓其蒙皮者也，意自显然。是“鞫”为正体，“鞫”为或体，后世通用“陶”，而“匋”“鞫”“鞫”诸体废焉。陶叔不见于《左传》，盖陶唐之后仕齐者，春秋时微矣。云“作子仲姜宝镈”者，仲姜齐侯之子、kind之妻也，齐侯为子作器以媵之也。诸侯轩悬有镈，卿大夫判悬则无镈，此齐侯嫁女，故用之也。云“用蕲侯氏永命万年kind保其身”者，此以下皆kind之辞，兼述齐侯之命而为之铭也。张释云：先祝其君，次及其身，若《诗》“作召公考，天子万寿”，汉啬夫祝辞“君得亿万年，臣得二千石”。“kind”左畔仍即“糸”字，右畔乃令之假借。左糸右令，字书无此字。然以义求之，当仍读为“令”。《尚书·吕刑》“苗民弗用灵”，郑《礼记注》以政令释之。《缁衣》引此作“匪用命”，《墨子·尚同》篇引此作“苗民否用练”，是“命”“令”“灵”“练”四字古相通借，固是声转，亦必命。“令”字古有加系〈糸〉旁者，如此器文耳。此作器者名。“黐保其身”四字句绝，是也。云“用享用孝于皇祖圣叔皇妣圣姜于皇祖有成惠叔皇妣有成惠姜”者，案“皇祖”者当是远祖，不必定是王父也，如《左传》卫太子之祷辞臼〈曰〉“曾孙蒯聩敢昭告于皇祖文王”，是其证也。蒯聩对文王可称“曾孙”，则称惠叔为“皇祖”者，未必子之子也。惠叔为远祖，圣叔则又远矣。《集古录》龚伯彝铭云“作皇祖益公文公武伯皇考龚伯尊彝”，是三世并称“皇祖”，其为远祖更无疑义。然此铭动述二祖者，以其婚于齐也。今黐又然，故叙其累世联姻以为光宠也。惠叔有劳于齐，齐侯本之以锡邑，故先言陶叔，继言“有成惠叔”，终言“陶叔有成”，明是一人，博异称以增重也。要之，齐侯为妻以女，始援其先世，而锡之邑，意各有在也。云“皇考齐仲皇母”者，死曰“考”，故称谥与字；生曰“母”，故不称姓氏以尊之。前文“用享用孝”，“享”为皇考以上言，“孝”专为皇母言也。“齐”“圣”“有成”“惠”，皆谥也。“圣姜”“惠姜”，妻从夫谥也。张释云：“遵”“齐”通，读若“齐庄中正”。《谥法》：“执法克中曰齐。”“圣叔”“圣姜”，即“声叔”“声姜”。“圣”本字，“声”假借字。《白虎通》云：圣者，通也，声也，闻声知情。《春秋》文十七年“小君声姜”，《左》《穀》作“声”，独《公羊》作“圣”。此古文古义未尽沦没者，得此镈乃益明矣。云“用蕲寿老毋死保鲁兄弟用求考命弥性肃二义政保鲁子姓”者，此黐为己身祈祷也，金文铭亦往往有之。“考命”即《尚书·洪范》“五福”之“考终命”。“子住”即“子姓”也。吴释云：即鲁之或体。《博古图》齐镈“纯鲁”，“鲁”字与此相似。彝器每言“鲁休”“纯鲁”“祚鲁”，意同。《诗·閟宫》“眉寿保鲁”，以此镈证之，知“保鲁”亦祝辞，非专指鲁矣。“弥生”即“弥性”，《诗·卷阿》“俾尔弥尔性”，毛《传》训“弥”为“终”，是也。王释云：“肃=”，重文。薛《款》齐镈误摹作“篮又”，失重文，借此证之。案：“肃=”，敬也。“义”，法也。“政”，正也，子姓所依赖也。杨释云：为篆文“求”，甚明燎，亦勿庸凿释。是也。云“陶叔有成劳于齐邦侯氏锡之邑百又九十又九邑与邶之民人都鄙”者，胡释云：“成”字下疑是“劳”字。古“劳”字从萦省，取经营之意，见朱氏《说文通训定文〈声〉》。“衣”“糸”义相近，薛《款识》齐镈“娶褮朕行师”“堇褮其政事”，皆“劳”字。旧释“恪”，非。吴释云：即“邶”字。《左传》襄二十八年“与晏子邶殿，其鄙六十”，杜注：邶殿，齐别都。盖所赐都鄙，皆邶殿边鄙之邑。《说文》：啚，古文作“啚”。“鄙”“啚”本一字，故“啚”训“啬”，后人加“邑”为“鄙”。啬，古“鄙”，但作“啚”也。云“侯氏从告之曰叶万年尸司孙子勿或渝改”者，此言齐侯锡邑，命其世守勿失也。王释云：“造”即“告”字，自“从告”以下至“渝改”，是述侯氏锡邑之命。张释云：“枼”即“叶”字，亦即“世”字。《诗》“昔在中叶”，毛《传》：叶，世也。“万”下文义，的是“年”字，此作“至”形者，疑是“年”字或体。“死”即“尸”字。尸，主也。“辝”“嗣”通，即“司”字，下同。彝器屡有“尸嗣”语。（《积古斋款识》艾伯敦即有之。）“俞改”读如“郑人来渝平”之“渝”，是也。云“陶子黐曰余弥心畏忌余四事是台余为大工暨大使大徒大宰是司可使子孙永保用享”者，此黐承齐侯嘉命为自勖之辞，励官守以答君惠。末乃及“永保用享”

之语，借以勉子孙，亦铭体宜尔也。“功”与“工”通，“大工”“大使”“大徒”“大宰”，皆齐之职官。“是司可使”，司即官也，自勉以无溺职也。如读为“可使子孙永保用享”，窃谓古人不应作尔语也。“宰”，以宰夫为正诂，引申之为冢宰之“宰”。治大国若烹鲜，理天下如分肉，即其义也。武梁祠画庖厨作屋下横木挂鱼肉状，“宰”字上半形也，下半乃以手取之，宰夫之职也，指事会意字也。“大功”下一字，吴释识为“暨”之省文，是也。此送女器，先铸镈，后刻铭，实为仅见。如齐侯四器之媵鼎，当时不及铸，系以旧有之鼎充数，乃凿铭以相配，以其三器皆有铸款也。此器本无铭文，其后龢以纪恩刻之，故只以“齐辟陶叔之孙”至“作子仲姜宝镈”数语叙过，余文绝无送女词，故可知也。杨释谓此镈出土系古钟十二，惟此镈有铭，亦可为先铸后刻之证。且其字画纤细，风致翩翩，非范金所能到，更可据书体而断之也。

2. 齐叔夷镈

惟王五月辰在戊寅。師
于臨淄公曰汝叀余經
乃先祖余既敷乃心汝
忈畏忌汝不墜夙夜宦
埶而政事余弘猒乃心
余命汝政于朕三軍肅
成朕師輿之政得諫罰
朕庶民左右毋諱叀不
敢弗憼戒虔卹乃尸事
戮和三軍徒御雩乃行
師愼中乃罰公曰叀汝
敬供司命汝應奉公家
汝恐勞朕行師汝肇敏
于戎功余錫汝萊都精
爵其郡百余命汝治司
釐御國徒亖爲汝敵僚
叀敢用拜稽首弗敢不
對揚朕辟皇君之錫休
命公曰叀汝康能乃有

事率乃敵僚余用登純
厚乃命汝叀毋曰余李
汝捍余于艱卹虔卹不
易左右余一人余命汝簡
佐卿爲大使繼命于外
內之事中敷明刑汝台
敷戒公家應卹余于明
卹汝台卹于朕身余錫
汝車馬戎兵萊僕言有
卒家汝台戒戎作叀用
國敢再拜稽首應受君
公之錫光余弗敢廢乃
命叀典其先舊及其高
祖虩成湯又嚴在帝所
博受天命勦伐履同敗
乃靈師伊小臣惟輔國
有九州處禹之都不顯
穆公之孫其配龔公之
出而成公之女雩生叔
是辟于齊侯之所是忩
龔齊靈力諸虔勤勞其
政事有供于公所𣪊擇

吉金鈇鎬鏻鋁用作鑄
其寶鎛用享于其皇祖
皇妣皇母皇考用祈眉
壽靈命難老不顯皇祖
其作福元孫其萬福純
魯和穆而有事俾若鐘
鼓外內剴闢都俞舍而
朋剁母或異類汝考
壽萬年羕保其身俾
百斯男而藝斯字肅二
義政齊侯左右毋疾
毋已至于世曰武靈
成子孫羕保用享

右齐叔夷镈铭。宋薛尚功《钟鼎款识》著录，凡四百九十二字。薛氏谓其形制大于特钟，更以字数度之，知为大器。此齐大夫叔夷有功于临淄之围，其君灵公锡以三命，俾之作器也。《史记·十二诸侯年表》齐灵公之二十七年，即鲁襄公之十八年，晋围临淄，详载于《左氏传》。此铭“师于临淄”，即其事也。是役也，齐国几危。《传》言灵公自平阴败退于临淄，奔北四五百里，完守入保，雍门已焚，殃及四郭，而齐城终未破者，伊谁之力欤？则左右于灵公者，叔夷其人也。功在救败，得与克敌同赏，其名顾不显于传记，千古而下，幸赖金文以传，讵非有不可泯没者耶？此铭薛《款识》外，王楚〈黼〉《宣和博古图》、王俅《啸堂集古录》及孙星衍《续古文苑》、孙诒让《古籀拾遗》皆有释文。顾前数家皆不能考论其世，孙氏《拾遗》则知为灵公之世矣，而犹不知即围临淄之役，惟其训释为详，兹并采焉，而下己意以解之。云“惟王五月辰在戊寅”者，此铸镈经始之日，围临淄之明年，周髭王十八年五月十五日也。杜预《长历》是月甲子朔，壬辰晦，十五日得戊寅。在《传》言晦日而齐灵公卒，《经》书七月辛卯，迟六十日者，据赴告至鲁日而书之也。薛《款》载编钟铭，称“桓武灵公”，是铸于论谥以后，而仍云“五月戊寅”，故知为铸镈经始之日也。“师于临淄”者，此述前事为三命之标题，不叙被围者，为君国讳也。此句不与上五月日连读，金文例如此。亹，古

"临"字，与《说文》"弜"同意，"弜"即"畕"字，注云"从田、弜，象耕田沟诘诎也"。此字作两物际水形，是相临之意；内似两"用"字，一倒一正，借以指事也。"灉"即"淄"之古文，右畔"畨"与小篆微异，不得谓《说文》无"淄"篆，遂疑之也。《说文》"甾"篆亦不见于彝器中也。古文、小篆，其隔绝有如此者。云"公曰汝夷"至"沓中乃罚"，此一命也。"尸"，古文"夷"之省体，曾伯霥簠、兮田盘"淮夷"恒见，与"人"字迥别，旧识"及"，误也。"余经乃先祖"者，凡金文命官、锡物，先称其祖考，而后及其本身。此句为末段张本，更见三代文法与寻常金文不同。"余既敷乃心"者，《说文》"尃，布也"，即"敷"字也。"尛"者，"小心"合文，如"小子"矣。"汝不坠夙夜宦督而政事"者，僖十七年《左传》"妾为宦女焉"，杜注"宦"为"宦，事于秦为妾也"。凡事人曰"宦"，谓简贱也。督，《说文》云"日狎习相慢也"。《诗・小雅》"曾我督御"，亦谓轻慢也。言汝不至坠于夙夜，而简贱轻慢其政事也。"余弘厌乃心"者，《拾遗》云，扬子《法言》李轨注：弘，深也。《周语》"克厌天心"，韦注：厌，合也。"猒""厌"，古今字。言余深合其心也。"余命汝政于朕三军肃成朕师与之政得谏罚朕庶民左右毋讳"者，此与以军政之官。"政"者，正也。《史记・田穰苴传》："召军正问曰：'军法期而后至者云何？'对曰：'当斩。'"又，"问军正曰：'军中不驰。今使者驰，云何？'正曰：'当斩'"。此铭"谏罚朕庶民左右毋讳"，即军正职也。"箫"读"肃"，"旟"读"与"，皆借字。"德"通"得"。《易・升》"以顺德"，《释文》："'德'，姚本作'得'"，是也。"夷不敢弗憼戒虔恤乃尸事戮和三军徒御雩乃行师慎中乃罚"者，此既受以军正之官，乃戒之以和军、行罚之意也。"死"为"屍"之省。屍，《说文》：终主也，从尸。案：尸，亦主也。此“死事”当读为“尸事”，谓所主之事也。戮即“戮”字，谓戮力也。戮力以和三军徒御及行师，始能慎罚也。“御”乃繁文字。“昚”，古“慎”字也。“公曰夷汝敬供司命”至“朕辟皇君之锡休命”者，此再命也。“敬供司命”者，谓敬以共所司之命令也。“汝应奉公家”者，“奉”乃真古文；“奉”字，二“上”字也，字书固有从“上”之古文“奉”也，小篆作三“手”，古文则五“手”矣。“恐劳朕行师”者，爱君也。“劳”从衣，别体字也。“肇敏于戎功”者，即《诗·江汉》之“肇敏戎公”，“公”“功”同也。“锡汝莱都稩爵其郡百”者，齐灵公十五年灭莱，迁莱于兒，高厚、崔杼定其田，见《左传》。孙氏《拾遗》亦读“莱”也。“稩”，古文从胥省。“爵”，异体字也。古县，大郡、小郡系于县，其字从县省，君声也。《左传》赵简子铁之战，其誓辞曰：“克敌者，上大夫受县，下大夫受郡，士田十万。”盖诸侯法也。夷为佐卿，受郡，宜矣。观于“士田十万”，则百郡非侈也，即所谓“与克敌同赏”也。“余命汝治司莱邑”者，蒯即“乱”之别体，古文以“乱”为“治”，王楚〈黼〉《博古图》、王俅《集古录》正读为“治”也。“莱邑”二字合文，言命汝治所司之莱邑也。“御国徒三千”者，御，别体字；“三千”二字，合文也。“为汝敌僚”者，言以国之徒御为敌忾之僚属也。“夷敢用稽首对扬休命”者，再命乃敢答，恭也。“公曰夷汝康能乃有事”至“余弗敢废乃命”，此三命也。“汝康能乃有事率乃敌僚余用登纯厚乃命”者，此承再命而申重之，有厚望于夷也。“康能”者，心安而事自善也。“乃有事”者，汝所有事，即率乃敌僚也登进也。言以汝能，乃进而命汝，意更纯厚也。“汝夷毋曰余小子”者，此设词，言汝勿自谦抑，以为少贱也。“汝捍余于艰恤虔恤不易左右余一人”者，言汝为余捍患，有大功于余也。卓，即“捍”。鞽，古“艰”字。既云“艰”矣，又云“不易”，《尚书·君奭》“天命不易，天难谌”，有此文法尔。“汝简佐卿为大使继命于外内之事”者，“缄”读为“简”，言将简汝为佐卿，出使诸侯也。春秋时，出使皆次卿，故曰佐，管仲对周王云“有国、高在”是也。“中敷明刑”者，盟通“盟”，即明也。言折中以布明刑也。“汝台敷戒公家”者，言以明刑为公家儆，张四维也。台，以也。“应恤余于明恤”者，《拾遗》云“盟，恤”，与《君奭》“百姓王人罔不秉德明恤”文同。“女台恤于朕身”者，“余”读“于”也。“余锡汝车马戎兵莱仆二百有五十家汝台戒戎作”者，此三命，锡及车马。《曲礼》曰：“为人子者，三赐不及车马。”郑注：“三赐，三命也。凡仕者，一命而受爵，再命而受衣服，三命而受车马。车马，而身所以尊者备矣。卿、大夫、士之子不受，不敢以成尊比逾于父也。”叔夷称父为皇考，则已殁矣，故可受也。此铭正与《曲礼》经注相发明也。“二百”“五十”皆合文也。《拾遗》云，“台戒戎伎”犹《诗·抑》云“用戒戎作”，“台”“用”义同，“伎”“作”一字也。“夷用国”者，用事国家，承上“余用登纯厚乃命”，不复为“余小子”之谦抑辞，故受君赐光，弗废乃命，亟为奋勉也。“夷典其先旧”至末者，此应上“余经乃先祖”，因述祖考之烈，而明铸镈之由，以自勖也。“及其高祖虩=成汤”者，成唐即成汤也，称成汤为高祖，夷盖宋人而仕齐者也。《盘庚》“肆上帝将复我高祖之德”，高祖，汤也。《易·震卦》爻辞“震来虩=”，马融注：虩=，恐惧貌。此述其功烈，于恐惧无取也。《拾遗》云：“唐”从庚声，“汤”从易声，古音同部，故借唐为汤。《说文·口部》：唐，古文作“啺”，是其证也。“又严在帝所博受天命”者，谓汤受伐夏之命于天也。帝所，天也，赵简子梦“之帝所，甚乐”者是也。“敢”者，“严”之省也。“剿伐履同败乃灵师”者，“剿”为古文。蹞，古“履”字，“蹞同”即履癸也，而云“蹞同”者，疑夷父本宋人，尚沿殷遗而名癸，故夷讳之曰“同”，如司马迁之书“赵谈”为“赵同”欤？薛《款》编钟“同”作“司”者，范坏也。《拾遗》云：桀名履癸，见《史记·殷本纪》。《说文》无“戥”字，疑即“败”之或体。“灵”训大灵，“师”言大师也。“伊小臣惟辅国有九州处禹之都”者，此谓伊尹佐汤有夏之天下也。九州，禹所定也。殷之九州仅见《尔雅》，于古籍无征也。此云国有九州，处禹之都，则夏殷同也。《拾遗》云，“伊”从孙星衍释也，《说文》“伊”古文与此形相近。“伊小臣”者，伊尹也，古书多称伊尹为小臣。《楚词〈辞〉·天问》：“成汤东巡，有莘爰极。何乞彼小臣，而吉妃是得?”王逸注：小臣谓伊尹也。《吕氏春秋·尊师篇》“汤师小臣”，高诱注：小臣谓伊尹也。“不显穆公之孙其配翼公之出而成公之女雩生叔夷是辟于齐侯之所”者，“穆公”，宋穆公也；穆公之孙，夷之考也。当灵公末年，正值宋平公之世，上溯穆公，已八世矣，历年百七十有余，恐非叔夷之曾祖矣。此如《诗·閟宫》“后稷之孙，实维大王”，远孙称孙，是其例也。“妣”，读为“出”，《尔雅·释亲》“男子谓姊妹之子为出”是也。“成”字加食旁，则繁文矣。“公所”，薛《款》编钟作“桓武灵公之所”，故知此齐侯为灵公也。“是小心龚齐灵力诺虔勤劳其政事又供于公所”者，“龚”，恪也；“齐”，敬也；“灵”，善也。“灵力诺虔”，谓善用力而言则慎也。“诺”作“若”，“勤”作“堇”，“供”作“共”，皆字之省也。“夷縠择吉金”至“其万福纯鲁”者，“夷縠”二字合文，《书·费誓》“縠(谷)乃甲胄”即此也。余文皆习见也。“和穆而有事俾若钟鼓外内剀辟都俞”者，“穆”本作“谬”，通“缪”，即“穆”也。钟鼓之声闻于外内，“剀辟都俞”言其无不和也。“舍而朋剩毋或异类”者，戒词也。“剩”，字书通“剿”，训割。“朋剩”者，朋比之人有割损也。“异”“类”二字皆字之省，从孙星衍《续古文苑》读也。“俾百斯男而艺斯字”者，“百男”见《诗》，“斯字”即此铭也，后世视此刻文见于碑版，本乎此也。“肃=义政”者，薛《款》失其重文，然编钟有之，则此铭当作“肃=”无疑，齐陶子镈亦有此语，更可证也。“齐侯左右毋疾毋已”者，言长在齐侯左右，无有咎病，无有已时也。“至于世曰武灵成”者，此“武灵成”非齐宋先君谥，叔夷先世则见前矣，盖言后世继武而善成先业，当时语也。“子孙羕保用享”，是铸器成例。“子孙”二字不与“武灵成”连读也。

3. 齐侯钟一

惟王五月辰在
戊寅師于臨淄
公曰汝叀余經
乃先祖余既敷
乃心汝忠畏忌
汝不墜夙夜宦
埶而政事余引
厭乃心余命汝
政于朕三軍肅
成朕師與之政
得諫罰朕庶民
左右毋諱叀不
敢弗憼戒虔卹
乃尸事戮和三

4. 齐侯钟二

軍徒御雩乃行
師慎中乃罰公
曰叀汝敬供司
命汝應奉公家
汝恐勞朕行師
汝肇敏于戎功
余錫汝萊都糈
爵其郡言余命
汝治司萊御國
徒亖為汝敵僚
叀敢用拜稽首
弗敢不對揚朕
辟皇君之

谨案：“百”字上作二画，当以镈为正。“莱”下脱“邑”字。

5. 齐侯钟三

錫休命公曰叀
汝康能乃有事
率乃敵僚余用
登純厚乃命汝
叀毋曰余小子
汝捍余于艱卹
虔卹不易左右
余一人余命汝簡
佐正卿繼命于
外內之事中敷
明刑台敷戒公
家應卹余于

谨案：镈铭“小子”合文，此分书。“小”作“少”，见《汗简》。古文“少”“小”不分也。“佐卿”作“佐正卿”，“卿”下脱“为大使”三字。“汝台敷戒”又脱“汝”字。

6. 齐侯钟四

明卹汝台學朕
身余錫汝馬車
戎兵萊僕言有
卒家汝台戒戎
作叀用國敢再
拜稽首應受君
公之錫光余弗
敢廢乃命叀典
其先舊及其高
祖虩〃成湯又嚴
在帝所博受天

谨案：镈铭“车马”，此作“马车”，误倒。“博受”，此作“尃”，误。

7. 齐侯钟五

命剿伐履司敗
乃靈師伊小臣
惟輔國有九州
處禹之都不顯
穆公之孫其配
襄公之出而成
公之女雩生叔
叀是辟于齊侯
之所是小心龔
齊靈力諾虔勤
勞其政事有供
于桓武靈公之
所桓武靈公錫
乃吉金

谨案：镈铭“履同”，“同”此作“司”，误。“小心”合文，此分书。“有供于公所”，此作“有供于桓武灵公之所”，是作于灵公卒后，故与镈异。“夷穀择吉金”，此作“桓武灵公锡乃吉金”，盖先命作器，后乃锡金，故不同也。

8. 齐侯钟六

鈇鎬玄鏐鏞鋁
叀用作鑄其寶
鐘用亯于其皇
祖皇妣皇母皇
考用祈眉壽霝
命難老不顯皇
祖其作福元孫
其萬福純魯和
穆而有事俾若
鐘鼓外内剴闢
都俞舍而朋剸
毋或異類

谨案：“镐”下多“玄镠”二字；“宝镈”作“宝钟”，如其器也。

9. 齐侯钟七

汝考壽萬年永
保其身俾百斯
男而藝斯字肅=
義政齊侯左右
毋疾毋已至于
世曰武靈成子
孫永保用亯

谨案：“羕”作“永”，下同。

10. 齐侯钟八

斯男而藝斯字肅=
義政齊侯左右毋
公之孫其配翼公
之出而成公之

11. 齐侯钟九

政得諫罰朕庶民
左右毋諱叀不敢

12. 齐侯钟十

暬而政事余
弘猒乃心余
錫汝萊都糈

13. 齐侯钟十一

汝捍余于艱
卹虔卹不易
敌再拜稽首
應受君公之

14. 齐侯钟十二

九州處禹
之都不顯
諾虔勤勞
其政事有

15. 齐侯钟十三

俾若鐘
鼓外內
其皇祖皇
妣皇母皇

谨案：古钟铭凡字多者，既书全文于大钟，更以编钟分书之，往往略见一斑，莫窥全豹。惟薛书齐镈洋洋大文，其散见于编钟者，既无所剥蚀，更获桓武灵公语，藉资考证。文字有灵，岂亦鬼神呵护于其间耶？虽原器不存，而阮刻、薛书确有依据。尝即存世宰辟父敦铭以校薛书，所录笔法正同，非独点画无讹而已。故知此齐镈铭，为足信也。钟铭共十三通，前文毕于前七枚，以下六枚碎砌文句以饰观，不复能属读矣。盖其钟渐小，字多难容，不克再书全文故也。

16. 齐侯敦

齊侯作飤
敦其萬
年永保用

右齐侯敦铭。谨案：《说文》，“飤，粮也”。《玉篇》“飤，食也，与‘饲’同”，谓以食食人也。凡古敦铭，恒云“尊敦”“宝敦”，礼器也。此云“飤敦”，盖自食、食人，寻常用物耳。《史记・封禅书》，上有故铜器，少君言“齐桓公十年陈于柏寝”，案其刻，果齐桓公器，世已不传。是敦不知齐何代物，文字简陋，形神萎薾，不见泱泱大风气象。彼叔夷，齐臣，铸镈于灵公之世，犹尔壮阔。想齐桓，宜何如也？此作飤敦，其在田氏用事时乎？君为守府，谋食而已，抚其遗制用，慨然也。

17. 齐癸姜敦

齊癸姜作尊
敦其萬年子子
孫永寶用亯

右齐癸姜敦。出青州地，器藏吴县潘氏。谨案：姜，齐姓也。古姜姓国见于金铭不止一齐，其在山东者，有纪；其不在山东，则有许。凡有“某姜”字而不出国名者，未必为山东物也。惟此“癸姜”在齐，而出青州，或齐女出而来归者欤？谊与夫绝，故只系父母之国也。曰“癸姜”者，据《左氏传》齐臣卢蒲癸为姜姓，如其后以“癸”为氏，则“癸姜”者，卢蒲癸之裔未可知也。

18. 齐国佐甗

國佐立事歲
咸月亥攻師
佸鑄西郭寶
甗四秉用實
旨酒侯氏受
福眉壽俾旨
俾清侯氏毋
咎毋瘨齊邦
貯靜安甯子=
孫=永寶用之
文官十斗
一鈞三十斤

右齐国佐甗。阮《积古斋款识》著录，所释多不确。孙氏《续古文苑》录此文，所释较为妥协。《捃古录》载许印林瀚说最详，《古籀拾遗》亦有训释。兹谨就诸家说而是正之。“国佐”，许识“国佐”即齐之宾媚人，谥武子。许说是也。案：《说文》无“佐”字，而齿部收“齹”，佐声。盖许书所无之字，散见于本书偏旁者甚众，非自遗漏，即传写脱之矣。“攻师佸铸西郭宝甗”，《续古文苑》所识最确，而作器本意，诸家未能详也。谨案：铭云“国佐立事岁”者，“立”通“莅”，所莅之职事也，“铸西郭甗”即在其职权限之内。此甗，齐之公量也。齐重商业而民人众多，非有均平之公量，不足以息民争。迨陈氏方造家量，暗阔于公量，以盗齐国矣。当国佐时，固无佗也。“咸月亥”者，旧识为“岁咸丁亥”者误，古不以甲子纪年。《积古》以秦甲午簋为甲子纪年之始，许氏又以此为甲子纪年之始。微论此铭非是，即甲午簋实宋器，阮释亦非也。此“月”字，乃奇字。“咸月”，不知何义，如《尔雅》月名之比，此或齐国之自为。识别陈猷釜、陈子禾子釜皆有此文法，如陈猷釜云“陈猷立事岁𣪊月戊寅”，陈子禾子釜云“□□立事岁禝月丙午”者，并此而三，惜不获多见齐器。而十二月名可与《尔雅》“正月为陬”云云相参论也。此咸月“亥”上脱一字耳。“亥”，亥日也，铸器多用之。“攻师佸铸西郭宝甗”乃国佐莅事岁，因西郭市量不均平，铸值〈置〉西郭，为民作则也。“四秉”，其量之本数也。《论语》“冉子与之粟五秉”，此少五之一耳。“用实旨酒”，酒贵于粟，举以例其余，并非专以甗为酒器也。乃先云“实旨酒”，而复云“俾旨俾清”，言其量既均平，而又无所伪欺，则侯氏福寿无咎疠，齐邦宁静矣。为国家颂祷，实所以息民争端也。“貯”即“贮”字，貯、静、安、宁是一意。貯者，积而不动之物也，许氏及《拾遗》皆读为鼎鼏之“鼏”，解为密静，反迂曲矣。“文官十斗”云云，是概量时所凿，古器间有之。

19. 齐桓子孟姜钘

齊侯女䨼爲和其
婚齊侯命大子吕
口口宗伯聽命于
天子曰朞則爾朞
余不朞口口受口
歸口口御爾其躋
受御齊侯拜嘉命
羞子用璧玉備紹
于大舞紹折于大
紹命用璧兩壺八鼎
于南宫子用璧
二備玉二紹鼓鐘一肆
齊侯既躋洹子孟姜
和其人民都邑勤匽
舞用從爾大樂用鑄
爾羞銘用御天子之
吏洹子孟姜用乞嘉命
用旂眉壽萬年無
疆用御爾事

右齐桓子孟姜钘铭。苏州吴氏藏器。谨案：此陈桓子既娶孟姜，述其事而作器也。桓子，陈无宇字，《左传》作“桓”，陈逆簠作“趄”，此铭作“洹”，一也。考陈桓子事迹，《左》襄二十四年传，齐庄公使其如楚乞师。《史记·田完世家》亦言桓子有力，甚有宠于庄公。以前无征焉。据《左》昭十年传，陈、鲍伐栾、高氏，分其室，桓子请老于莒。古者七十曰“老”，大夫七十而致政。夫既请老，则桓子年近七十矣。案之《史记·诸侯年表》，昭公十年当齐景公十六年，襄二十四年当齐庄公五年，则请老上距乞师才十八年耳。推之庄公元年，桓子尚四十余岁，古者三十而娶，则不在庄公、景公时，而在灵公之世矣。庄公、景公，皆灵公子也。庄公之母鬷声姬，灵公之嫡侄也。景公之母穆孟姬，灵公之嬖妾也。《左传》言桓子请老求邑，穆孟姬为请高唐。此何等事，而烦及君母？固疑景公母即桓子之妻母也。且使庄公、景公非桓子妻兄弟，亦何至宠荣有加无已耶？则桓子用事在庄公、景公朝，而与孟姜成婚在齐灵公世无疑也。铭云“齐侯女𠾓”者，“𠾓”，齐侯女名也。《史记·殷本纪》中“𠾓”作“诰”，“中𠾓”，仲虺也。古者男女以姓、字别，不嫌同名也。“为和其婚”至“齐侯拜嘉命”者，文有剥蚀，揣测其意，盖齐侯将妻陈桓子以女，并跻以高位，使太子与宗伯听命天子，天子许之，云其事尔。侯主之，故曰“尔碁”，尔跻也；“碁”借为“期”，婚期也。于是齐侯拜嘉命，遂为之矣。铭云“大舞绍”“大绍”“大乐”者，盖齐侯之宠陈氏，以其有韶乐也。韶乐不见于《春秋》经传，自在齐闻韶不知肉味，而韶之正声以显；自君臣相悦，徵、角并作，而招之变调以成，皆齐景公时事。说《论》《孟》者不知齐韶之为陈氏物，更不知徵招、角招之即韶乐。惟《汉书·礼乐志》云，春秋时陈公子完奔齐；陈，舜之后，招乐存焉。是班氏知之，故直用徵招、角招之假借字也。此铭“绍”字，则“韶”之本字。阮氏释云：“韶”，后造字也，本字当为“绍”。《乐记》曰：“韶，继也。”郑注曰：“韶之言绍也。”此记乐者，破“韶”为“绍”，而以“继”训之也。阮说是也。铭文三言用璧，重其事也。一用璧折于大绍，谓治大舞绍之乐器，折衷于陈氏乐也。一用璧于南宫子，谓两壶、八鼎，送女之本事也。一用璧于绍，鼓钟一肆，谓以所治之乐器归陈氏也。大舞绍及后勤黽舞，即《论语》所谓

“乐则韶舞”也。“玉备”即备玉也。备，具也。自尧妻舜，赠以苕华之玉，是送女用玉之始。备玉者，数之具也。始一而终二，礼有加数也。南宫子者，孟姜之母，非正室，居于南宫，故名其女为南宫子也。庶子称“孟”，知当然也。“绍鼓钟一銉”者，“銉”即“肆”字。《周礼·春官·小胥》注：编钟十六枚，半悬，谓之堵；全陈，谓之肆。邾公牼钟铭“和钟二锗”，“锗”即“堵”字。《周礼》为通用字，金文为专作字矣。“齐侯既跻桓子孟姜和其人民都邑”者，既跻其位，故锡土田也。“勤黾舞用从尔大乐”者，黾，勉也，令其世守勿失也。“用铸尔羞鉶”者，命之作器也。“鉶”即“钘”，繁文，别一器作“钘”，盛祭酒。伯熙定为钘瓶，非罍壶也。《说文》：“钘，似钟而颈长。”《周礼》郑注，羹和〈加〉五味，盛以铏器，故曰铏羹。是也。“铏”“钘”同也。“用御天子之吏”者，祝词也，望其为天子命卿也。《左》昭二年传，桓子以上大夫送女，晋侯嫌其非卿。知此铭跻桓子亦上大夫而止耳。此以上为齐侯命词。“桓子孟姜”至末则既述其作器之由，而祈福以自勉也。此铭有二，别一器多衍文，尤剥蚀不可摹。诸家考释，或读“女䨻”为“中罍”，而目彼器为大罍；或读“邑勤”为“子堇”，而涉其事于子亹。事同射覆，未为确释，今为正之如此。

20. 陈猷釜

陳猷蒞事歲
翏月戊寅於
茲安陵分命
左關平發敏
成左關之釜
節于盧釜敦
者曰陳純

右陈猷釜铭。道光年间胶州灵山卫出土，藏潍县陈氏。谨案：此釜陈成子之家量也。《史记·田敬仲世家》云：“田常复修釐子之政，以大斗出贷，以小斗收。齐人歌之曰：‘妪乎采芑，归乎田成子！’”此釜盖釐子之旧制，而成子仿为之，故铭云“节于釐釜”也。据《左》昭三年传，晏子对叔向曰：“齐旧四量：豆、区、釜、钟。四升为豆，各自其四，以登于釜，釜十则钟。陈氏三量皆登一焉，钟乃大矣。以家量贷，而以公量收之。”此事本在陈桓子之世，而《田完世家》谓釐子乞以小斗受税，以大斗予民，景公弗禁，田氏得众，盖当桓子相齐而其子乞早用事矣。则昌陈者桓子，而倾齐者实自釐子始也。陈氏不必世用此量，釐子创之，成子因之，借以收民心，故世家特著焉。读《史记》者，尝以文与《左》异，疑龙门笔误，赖有此铭，可验《田完世家》为信史矣。铭云“陈猷莅事岁斁月戊寅”，书法与“国佐莅事岁咸月亥”同，齐器之成例也。“陈猷”名不见于《左传》《史记》，盖陈氏宗也。“于兹安陵分命左关平发敏成”者，安陵、左关，皆成子封内地名。《世家》谓“田庄子相齐宣公”“伐鲁葛及安陵”，《正义》言安陵即在许州之隔陵，事在成子后。《战国策》楚有安陵君，更与此异。此安陵自齐地，古邑同名而失所在者多矣。成子割齐自安平以东至琅邪，自为封邑，大于平公之所食。此釜与子禾子釜、左关鋘皆胶州灵山卫出土，铭皆有“左关”字，而子禾子铭屡言“关人”及“关人不用命”，意左关盖海关也。齐自官山府海耳。灵山岛在海中，属琅邪，则今之灵山卫即齐之左关矣。“分”，古体字。籀文“分”从八从刀；“八”，别也，其意浅。古文则两物相结，下以佩觿解之，结解乃分耳，其意深。《说文》“觿”：角，端锐可解结。世传古玉觿端锐而末有穿，其状如此。“平发”，概量公也。“敏成”，就事速也。言于此安陵铸釜，分置左关，命其平发、敏成，以惠民也。“左关之釜节于釐釜”者，釐即僖子，“釐”“僖”同也，言左关釜符于釐子之旧物，此成子复修釐子之政之实迹也。“敦呰曰陈纯”者，敦，迫也；呰，呼声也，字书从“出”“口”，此从繁文。“出”“口”旁加两垂笔，象气从口出而成声也，指事兼会意字也，敦迫声明之。曰“陈纯”，如秦量“皆明壹之”之意，言此陈氏画一之量也。纯，一也。

21. 左关鍨

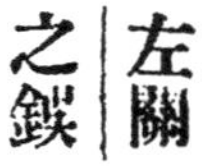
左關
之鍨

右左关鍨铭，四字。器藏潍县陈氏，是灵山卫出土三器之一。惟子禾子釜字多漫漶，不能摹拓，其略可见者，以意属读，似“左关釜节于釐釜”“左关鍨节于釐鍨”云云。字书“鍨”或训斧臿，或训泥镘，不与此器同谊。此器似半匏而有流、文，十鍨所容不满一釜，固陈氏之家量。要为古训所应有，秦火失传者亦多矣。

22. 陈逆簠

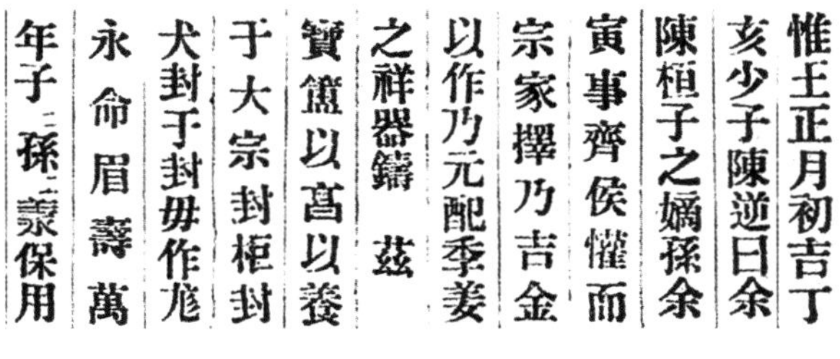
惟王正月初吉丁
亥少子陳逆曰余
陳桓子之嫡孫余
寅事齊侯懽而
宗家擇乃吉金
以作乃元配季姜
之祥器鑄　兹
寶簠以亯以養
于大宗封桓封
犬封于封毋作尨
永命眉壽萬
年子=孫=羕保用

阮氏《积古款识》云：案陈逆，见《左》哀十四年传，字子行，陈氏宗也。《左》庄二十二年传：“及陈之初亡也，陈桓子始大于齐。”杜注：“桓子，敬仲五世孙陈无宇。”铭云陈桓之裔孙，著其始大之祖也。《左传》成子杀阚止、执简公，逆实佐之。此器作于鲁哀公二十年。杜氏《长历》哀二十年正月丁亥朔，铭云“唯王正月初吉丁亥”，与杜氏合。时齐侯为平公骜，距简公之弑已五年矣。《史记·田氏〈世〉家》言田常相平公五年，割齐自安平以东至琅邪，自为封邑，大于平公之所食。时田常正割齐地，故逆亦自正封邑而名之彝器也。孙氏《古籀拾遗》云：案“嫡孙”，阮释为“裔孙”。《左》昭二十九年传：元孙之后为裔。“陈逆”见哀十一年传，杜注以为陈氏之族，其于桓子世系无可考。然逆与陈恒同时，《史记索隐》引《世本》：桓子无宇生武子开及僖子乞，乞产成子恒。恒为桓子之孙。逆与同时，即非桓子诸孙，亦必其曾孙行。斠其时代，不得为裔孙。“嫡”，从女商声，此省作“商”。逆与陈恒，盖从父兄弟也，杜氏《世族谱》不能详其行辈，此可以补其阙矣。

谨案：“寅事齐侯欢而宗家”，“寅”旧释“奭”，而旧释“血”，读“恤”，皆误。“柜”“犬”“于”“毋”，皆地名。“龙”，盖逆之子也。逆为妻作祥器，因为子祈永命，亦情事之常。以器封柜、封犬、封于、封毋，分主其地，如格伯敦铭云“铸保敦用典格伯田”，是其例也。

23. 陈侯午敦

惟十有三年
陳侯午以羣
諸侯獻金作
皇妣孝大妃
祭器鐏敦以
蒸以嘗保有
齊邦永葉口
忘

翁祖庚说：案《史记·田敬仲世家》，齐侯太公和卒，子桓公午立，六年卒。《索隐》曰：梁惠王十三年，当桓公十八年，后威王始见，则桓公十九年而卒。以此铭考之，桓公实不止六年，《索隐》之言是也。所称“考大妃”即大公和之妃。

许印林说：“妣”作“妣”，籀文也。“妃”，义当是妃，而从巳，今《说文》无此字。然《说文》从女己声字二，左己右女者训女字，左女右己者训匹也。乌知二字不有一从巳声，如“起”“配”“圯”者乎？古音“己”“巳”同部，从己、从巳音无不谐。独“邦”字与“尝”“忘”为韵，则先秦所无。或“尝”“忘”自为韵，而“邦”不入韵耶？“妃”，或即“姒”字。拓本有“鄦侯作中姒敦”，“姒”亦从辰巳之巳，可互证矣。，，鬳形加大即“献”字矣，意甚简古。

谨案：陈侯因资敦铭云“以蒸以尝保有齐邦世万子孙永为典常”，以“邦”与“尝”“常”为韵，可见此铭亦“邦”与“尝”“忘”为韵，知后世“江”“阳”不通之说为非古也。《楚辞·九歌·东君》云“青云衣兮白霓裳，举长矢兮射天狼；操余弧兮反沦降，援北斗兮酌桂浆；撰余辔兮高驼翔，杳冥冥兮以东行”，则“江”通“阳”“庚”。又《卜居》云“夫尺所有短，寸有所长，物有所不足，智有所不明，数有所不逮，神有所不通”，则“东”通“阳”“庚”，固与后世韵学东、冬、钟、江与阳、唐、庚不叶异也。东方朔《七谏》学楚词者也，其《沉江》篇通体用四十一韵，除“葬”字在《广韵》四十二“宕”外，余皆东、冬、钟、江、阳、唐、庚通叶，如“降”厕“旁”“长”之间，“央”厕“公”“矇”之间，“望”厕“凶”“容”之间，以单韵与上下叶，非转韵者比，是其证也。又《怨思》篇“翔”“通”韵，《谬谏》篇“公”“堂”韵，“扬”“通”韵，皆本《东君》《卜居》以为法，不得以陆法言《切韵》绳之也。屈子与田陈同时，意当时南北词人自有通行韵谱，今不传矣。赖有金文与楚词相证，亦可为考古韵者之一助。

24. 陈侯因资敦

惟正六月癸未陳侯因資
曰皇考孝武桓公恭載大
慕克成其烈因資揚皇考
邵綽高祖勳庸敉卹桓文
朝婚諸侯以揚乃德諸侯
曡薦吉金用作孝武桓公
祭器敦以蒸以嘗保有齊
邦世萬子孫永爲典常

翁祖庚说：案陈因资，即齐威王。《史记》威王名“因齐”，而此作“因资”者，古“齐”“资”字通。《易》“得其资斧”，《子夏传》及诸家作“齐斧”。《礼记·昏义》注：“资”当为“齐”。《考工记》注：故书“资”作“齐”。《诗》“楚茨”，《玉藻》注引作“楚荠”，《记》古书及汉碑有作“楚資”者。余如《周礼·眡祲》注，故书“隮”作“资”之类，不可枚举，详鄙著《经字异同疏证》。桓公即《史记》桓公午，乃威王父也。《史记》称桓公，此称“孝武桓公”者，犹卫之睿圣武公止称武公，楚顷襄王止称襄王也。“桓文”之“桓”，春秋之桓公也。《捃古录》。

谨案：邵，高也；绰，宽也。谓德峻广也。敉，抚也；恤，愍也。抚恤桓、文旧诸侯，俾其来朝、通婚于我齐邦，以继桓、文之遗业，用扬乃德也。器藏潍县陈氏。

25. 陈昉敦盖

惟王五月元日
亥昉曰余陳仲
裔孫鼇叔和子
恭盟鬼神敬恭
畏忌穀擇吉金
作兹寶敦用追
孝於叔皇口口

右陈贎敦盖铭。新出土,器藏黄县丁氏。谨案:“釐叔和”,田和也。“釐”通“僖”;僖,乐也。名和,字釐叔,于谊自叶,惟古书无考耳。“贎”字不见于字书。其曰“陈仲裔孙”者,仲,田敬仲也,自敬仲至田和十世。《左》昭二十九年传杜注:元孙之后为裔。贎为和子,则于敬仲为裔孙,宜也。其时,田和尚未列于诸侯,故称釐叔和。惟子称父名,或援名终将纬〈讳〉之例,父在则不避欤?且文子名“须无”,其子桓子则名“无宇”,田陈于父名避不避未可知也。此盖铭左行读,语亦未完,当与器铭连文,金文则间有之。

26. 齐陈曼簠

右齐陈曼簠铭。器藏潍县陈氏。谨案:陈曼名不见于《左传》,盖田宗也。“逸”字反书,其左畔,许印林谓是古文“兔”形。“经”字,盛祭酒说像纺车形,自古布帛先治经,其纺车皆列机端是也。“饙”,《尔雅》:“饙,馏饪也。”孙炎注:“蒸之曰饙,均之曰馏。”是饙为炊蒸之谊也。此簠先铸后刻,前三行末皆脱一字,因补刻“逸作盘”三字,皆反书,而“盘”字又误,乃缀“簠”字于第四行下。篆体美丽雅,与陈猷釜为近。

27. 齐管仲煮盐铜盘

右管仲铜盘二,在运司署内也可园中。口径四尺二寸,高三寸，重二百二十斤，无款识。一完整，一有璺。器旧在掖县西由场盐大使署灶房，嘉庆初年，盐大使汪德润运至省垣运司署中，莱州候穆止登岸。《掖乘》云，西由场灶房旧有铜制盐锅二十余枚。乾隆中尚存有二，底平而色绿，传为齐管仲煮盐锅。虽未能确，其为古物无疑。案，《史记·平准书》“因官器作煮盐，官与牢盆”，注：牢，廪食也；盆者，煮盐之盆也。其所谓盆，或即此物欤？

28. 宋公佐戈

戈藏潍县陈氏。案：“丕阳”即偪阳也。偪阳，妘姓国，其地在今峄县南五十里，今犹名偪阳城。春秋襄公十年《左传》：晋灭偪阳予宋公，晋侯以偪阳子归。《史记·十二诸侯年表》，鲁襄公十年正宋平公之十三年。宋公佐者，平公之子元公也。平公获偪阳，佐应与焉。及即位，刻铭于所取偪阳侯戈，纪功伐也。《传》称子，此称侯。侯者，有国者之通号，不必其本爵也。“佐”字与齐国佐罐同由篆变隶，乃从人矣。距末“佑”字与此同部，可相证也。“頡”同“擷”，取也。“丕”“偪”双声字。偪阳，《穀梁》作“傅阳”。《汉书·古今人表》有“福阳子”，注曰：“妘姓。”师古曰：“即偪阳也。”《郡国志》“傅阳”下引经文，亦作“福”，陆《释文》云：“偪”本或作“逼”，是“偪”“逼”“傅”“福”“丕”皆一声之转，其字固无定形矣。

29. 宋公栾鼎

右鼎铭薛氏《款识》著录。谨案:“栾”,宋景公名也。昭公二十六年《左传》,十一月宋元公将如晋,“梦大子栾即位于庙”。栾之名见于此。《史记·十二诸侯年表》周敬王四年,鲁昭公二十六年,宋景公头曼元年,与《左传》异。当是所据历谱谍如此。要以此鼎铭证之,左氏为正也。班书《地理志》:济阴定陶,《诗·风》曹国也,武王封弟叔振铎于曹。宋自微子二十余世至景公,灭曹。灭曹在获麟前七年,值春秋之末叶,开疆拓土,自立武功,宜何如振矜而夸诩者?斯时列国文字自为风气,虽士大夫铭器,亦自称其字。此鼎与宋公佐戈皆自称名,抑何简质乃尔也?仁贤之化,沿于后世,不第箕子之于朝鲜矣。

30. 宋君夫人鼎

铭八字,曰“宋君夫人之餗鋓鼎”。古者,邦君之妻曰“夫人”,夫人自称曰“小童”,邦人称之曰“君夫人”。此言“宋君夫人”,邦人称之。餗,鼎实也,犹《易》卦之言“公餗”也。考其铭识,有曰“宋公栾之餗鼎”者,而此谓之“宋君夫人”,其画又切相类,殆同时所造也。薛氏《钟鼎款识》。

谨案:此鼎铭“釪”字,薛释为“鋓”,误也。釪即盂字。盂鼎者,鼎之别品也。凡鼎铭曰“尊鼎”、曰“宝鼎”,鼎之本名也;曰“饲鼎”、曰“餗鼎”，因所盛而名之也；曰“旅鼎”、曰“賸鼎”，因所用而名之也；曰“鬲鼎”、曰“盂鼎”，则别乎常鼎而名之也。薛书王子吴鼎曰“自作饲鼾”，文王命疠鼎曰“作皇祖文考盂鼎”，即此釪鼎类也。“釪”“鼾”“盂”，多别体。如“匜”字，因器皿而加“皿”，因金铸而加“金”，抑又“金”“皿”并施焉。如“簠”字，或著“米”旁，或著“金”旁，或著“木”旁，无定形也。古文之字，例有如此。

31. 杞伯鼎

右杞伯鼎。道光年间，新泰县出土，器归吴县潘氏。谨案《汉书·地理志》：陈留郡雍邱县，故杞国也，周武王封禹后东楼公，先春秋时，徙鲁东北。案：杞入春秋七十七年，僖十四年而迁缘陵，在昌乐县南。又百二年，襄二十九年而迁淳于，在安邱县东北，不常厥居，复用夷礼，微甚不足征也。然即未迁缘陵之前，杞地名见于经传者，东为牟娄，西为成邑。牟娄者，《春秋》隐四年：“莒人伐杞，取牟娄。”今诸城县西有娄乡，是也。成邑者，《左传》昭七年：“晋人来治杞田，季孙[将]以成与之。”今宁阳县东北有故成，是也。牟娄、成邑之间，尚隔新泰、沂水、莒州地，杞之幅员不可考。故《地理志》曰“鲁东北”而已。今器出新泰，西去宁阳故城甚近，是杞地无疑也。“杞伯敏工”者，杞入《春秋》，先书“侯”，继书“伯”，复贬书“子”。书“侯”者，《春秋》桓公三年“公会杞侯于郕”是也。书“伯”者，《春秋》庄二十七年“杞伯来朝”是也。若书“子”，则僖二十三年

“杞子卒”,《左传》云“杞成公卒。书曰‘子’,杞,夷也”,僖二十七年“杞子来朝”,《左传》云“杞桓公来朝,用夷礼,故曰子也”,已在迁缘陵后矣。且自桓公以下六世皆书名,如桓公曰“杞伯姑容”之类。虽兼称伯,无名“敏工”者,则未迁缘陵前称杞伯而名不著。案之《史记·杞世家》,正靖公、共公、德公时也,此杞伯敏工当于靖、共、德三世求之,惜书缺不得见也。“敏”本作“每”,通“敏”。“工”,古文奇字也。案《说文》,“人”字为人立形,作。“化”字从倒人,作。字从反人,作。古文奇字,人则半跪形,作,无作人坐形者。金文作字从,则人坐而执矩形也。此“工”字从人坐而执物形,是工作意也。古文无反正,兼或侧卧书如此,工字本正体,后来从省,则侧卧而为工矣。旧释“父”、释“化”,皆非也。“作邾㛗宝鼎”者,邾㛗,邾女也。杞伯为邾女作器,金文例有之耳。

32. 杞伯壶

杞
伯敏
工作
邾
㛗
寶
壺
萬
年
眉
壽
子=孫=
永
寶
用亯

右杞伯壶铭。光绪初年,新泰县出土。

33. 杞伯敦

杞伯敏工作邾
㛗寶敦子=孫=
永寶用亯

右杞伯敦铭。器藏吴县潘氏。

34. 杞伯盁

杞伯敏工作邾

娷寳　盁其

子ニ孫ニ永寳用

右杞伯盁铭。器藏海丰吴氏，今归吴县潘氏。谨案：《集韵》，“盁”同“盂”。《说文》有“盂”而无“盁”，云“盂，器也”。次盦、盎、盆之间，则盂亦盆、盎类也。此杞伯盁形似盆，可证也。今世山东陶器犹有“沙盂”之名，乃似古盉，未必是古制也。

35. 纪侯钟

已侯

俿作

寶鐘

右纪侯钟铭六字。器藏潍县陈氏。《积古斋款识》《山左金石志》皆著录。“已”“纪”古通用，已即纪国也。隐元年《左传》“纪人伐夷”，杜注：“纪国，在东莞剧县。”《齐乘》云：寿光南三十里，春秋之纪国，即剧城也。此钟于乾隆年间寿光县人得之纪侯台下，为益都举人李廓所藏。由李廓归诸城刘燕庭喜海，后乃为陈氏有。“俿”即虑俿尺之“俿”字，是纪侯名也。

36. 卫子叔先父簠

衛子叔先

父作旅簠

右簠铭。《捃古录》著录。谨案：《左传》鲁有子叔氏，出自文公，如子叔声伯、子叔齐子是也。卫之子叔氏不见于传。此子叔先父，盖亦卫之公族，虽无事迹可考，要可补左氏卫国氏族之阙略矣。案：东昌府莘县即卫地，卫宣公杀公子伋使盗待诸莘是也。今山东既有卫地，则卫人作器制铭，未必无莘县一带人也。卫国器最少，略收一二以见其概。

37. 卫公孙吕戈

衛公孫
呂之造戈

右戈铭。《捃古录》著录，第六字识“告”，误。谨案：《左传》卫之公族有公孙丁、公孙免余、公孙无地、公孙臣、公孙敢、公孙般师，南氏有公孙弥牟，公叔氏有公孙发，无名吕者。此公孙吕盖亦卫公族之有武功者，铭戈以示子孙而克传于今世。金石刻辞，古人所以亟重之也。《左传》说参用《积古款识》。

38. 师旦鼎

惟元年八月亥
師旦受命作周
王太姒寶尊彝
敢拜稽首用蕲
眉壽無疆子
孫其萬億
年永保用亯

右师旦鼎铭。宋王复斋拓本，《积古款识》著录。谨案：师旦者，周公也。《书序·君奭序》“君〈召〉公为保，周公为师”。据《召诰》“太保先周公相宅”，召为太保，周亦太师也。乃不称“太”而云

“师旦”者,周公谦抑之心也。阮氏释云:此元年当是成王即政之元年。考《召诰》《洛诰》,皆周公摄政七年所作,见《史记》及《汉志》。《召诰》之言曰“王乃初服”,《洛诰》之言曰“朕复子明辟”,是摄政七年成王已即政矣。今以历法推之,《汉志》所云成王元年正月己巳朔,八月乙未朔,无丁亥,惟周公摄政之七年八月壬申朔,是月既望为丁亥,然后知周公摄政之七年即成王即政之元年。证之此器,灼然无疑。阮氏本之孔颖达《尚书·召诰》《洛诰》疏,曰:以三月丙午朏推之,此岁入戊午蔀五十六年二月乙亥朔小,三月甲辰朔大,八月壬申朔小,闰九月辛未朔小,十二月己亥朔大。然则孔疏必以丙午朏为起算之根,而《召诰》二月、三月之甲子乃可定,必置九月闰为过渡之据,而《洛诰》十有二月之晦日乃能明。岂意此说正为师旦鼎“八月丁亥”之确证乎?《洛诰》云“王命周公后”,孔传云“周公拜前,鲁公拜后”,此本《公羊》说。《公羊传》“封鲁公以为周公也”“生以养周公,死以为周公主”,是王命周公后者,封鲁公也。周公作鼎,鲁公受封,皆在成王元年,鲁得祀文王,则周公祀文王、太姒之器必归于鲁矣。

39. 禽彝

王伐楚侯周公
謀禽祼禽又
殷祼王錫金百鍰
禽用作寶彝

右禽彝铭,阮氏《积古斋款识》著录。器藏诸城王氏。阮氏释云:“禽”字从吴侃叔释作“禽”,薛书敔敦“禽”字正如此,作器者名也。

“某”当读为“谋”,元帅之谋。“⿰示兒”,从示从兒,字书所无,当即“宜社”之“宜”。《礼·王制》:“天子将出征,宜乎社。”“宜”,郑注以为祭名。《说文》祭名凡“禷”“祰”“禡”等字,皆从示。古“宜”字当亦从示。《说文》“輗”字,或作“⿰車宜”,知二字古通。“周公谋禽⿰示兒”者,《春官·太祝》“大师宜于社”。禽或居其识〈职〉,故周公谋使莅其事也。

谨案:“王伐楚侯周公谋”者,“楚”旧释“无”,读为“许”。“无”从“亡”,此从“口”,是楚之省体,释“许”,非也。伐楚者,周公奉王命为之,实出周公意,故曰周公谋也,事见《鲁颂》。《孟子·滕文公》篇“许行”章引《鲁颂》“戎狄是膺”,“周公方且膺之”是《诗》古训也。《毛诗》郑笺云“僖公与齐桓举义兵,北当戎与狄,南艾荆及群舒,天下无敢当〈御〉也”,则用三家诗说,不以孟子为然。意谓楚始封君曰“熊绎”,熊绎与鲁公伯禽、卫康叔子牟、晋侯燮、齐太公子吕伋俱事成王,于时周公实无伐楚之事,以故《鲁颂》二语系之僖公。今据铭文合以《孟子》之说,知周公谋伐之楚,盖殷遗之蛮国,周公伐而灭之,以封熊绎者。《史记·楚世家》云“熊绎当周成王之时,举文、武勤劳之后嗣,而封熊绎于楚蛮,封以子男之田”是也。楚本子爵,其君始自称公,后僭称王,入春秋皆称王矣,世传楚公钟、楚王熊章钟是其证,固无称侯者,故知此楚侯为周初之蛮国也。又案:阮氏著录楚公夜雨雷钟,“楚”子〈字〉从林从口,亦省体字,可与此铭“楚”字相证。

40. 太祝鼎

右太祝鼎铭，阮氏《积古款识》著录。谨案：阮氏释禽彝云，《春官·太祝》“大师宜于社”，禽或居其职，故周公使莅其事。今审字体，此铭“禽”字与禽彝之“禽”实一手书，其事又正相合，则同时作也。“禽”，鲁公伯禽也。禽，鲁公名，《史记》只称“伯禽”，《左氏》兼称“禽父”，此如周公名“旦”，《尚书》及史传只称“旦”，而《逸周书·度邑篇》则兼称“叔旦”也。周初简质，观于召公名“奭”，周公呼之为“君奭”，则当时名字之例与春秋时异也。此铭只四字，而官名、人名、器名俱备，文字亦高古精善，与康侯封鼎同为简体金铭之冠冕，宜金石家视为瑰宝也。

41. 鲁侯壶

魯侯作尹
叔姬壺

右鲁侯壶铭。谨案：《左》昭十五年传，周晏〈宴〉晋荀跞，樽以鲁壶，王因责晋之无有。是鲁壶之为周重久矣。此鲁叔姬嫁于周尹氏，鲁侯为作壶，亦鲁壶之次也。

42. 鲁庴父鼎

庴父作𩰫寶鼎
延命曰右汝多
既𠕁有遣汝惟
汝𠦪我友以事

右庴父鼎铭，宋王复斋拓本，《积古款识》著录。谨案：“庴父”

即《左传》之“庈父”，䃊父鼎亦即《新序》之“岑鼎”也。谓即“庈父”者何？阮释引吴侃叔云，《左》隐元年传“费伯帅帅〈师〉城郎”，二年“司空无骇入极，费庈父胜之”，此“䃊”字盖“庈”字也，“䃊父”疑即“庈父”。吴说是也。案杜预《左传注》：“庈父，费但〈伯〉也。”费伯，鲁大夫。据《图经》，济宁州之鱼台县，其西南有费亭，费庈父之食邑也；其东北有郎城，鲁之郎邑也；其西有极亭，庈父之所胜，本附庸国也。其地皆相近。元年帅师城郎，二年与无骇胜极，庈父既熟地形，复谙军律，故奏捷焉。铭文有“汝多觋”，阮氏以“战功曰多”释之，是因战功而铸鼎也。谓即“岑鼎”者何？刘向《新序》云：齐攻鲁，求岑鼎。鲁君载岑鼎往，齐侯不信而反之，以为非也。使人告鲁君：柳下惠以为是，因请受之。鲁君请于柳下惠，对曰：君之欲以为岑鼎也，以免国也。臣亦有国于此，破臣之国，以免君之国，此臣所难也。鲁君乃以真岑鼎往。顾《新序》作“岑”，此铭作“㢘”，何以定为“岑鼎”？而《左传》又作“厃”，更何以定为庈父之鼎？案：《脱〈说〉文》“䃊，石地也”，“岑，山小而高”。“䃊”“岑”二字音近而谊相备，故可通用。“庈”不见于《说文》，则隶变之体因乎“岑”者也。而字书“庈”作“厃”，云“厃”同“岑”，又云“䃊”或作“厃”，知通用矣。乃别出“庈”字，为庈父独用，则转写移易莫归一是者耳。此铭“㢘”字，别一器作“䃊”。“䃊”，字书亦有之。是“金”“今”“厂”“广”自古相通，益足信䃊父即庈父，䃊鼎亦即岑鼎也。铭文“旅车”二字合文，盖奇字也。云“作旅车宝鼎”者，《周礼·小宗伯》：“若大师，则帅有司而立军社，奉主车。若将军〈军将〉有事，则与祭。”然则“旅车”者，社主之车，而“宝鼎”者，社主之祭器也。凡古金称“旅”、称“旅车”者甚多，不必主一谊。此㢘鼎因战功而作，是军旅所用。鲁秉周礼，犹有《小宗伯》之遗意焉。“延命曰”以下，阮释云：此君锡命之词。战功曰“多”。“兄”，古“况”字，通“贶”。“毋”作“母”者，古通用。“有女”之“有”当读为“右”，言右汝之战功而加贶赐也。“友”谓臣僚也。《诗·既醉》郑笺：“朋友，谓群臣同志好者也。”《书·酒诰》云“太史友、内史友”，是臣僚得称友也。阮释是也。“延命”者，铸君之命词于鼎，永矢弗谖也。言我友助汝多战功而受贶赐，无有违汝者，惟望汝率我友以职事，俾不忘武备而已。此铭文字不多，而词旨特别，前无所袭于人，后亦无人缀轨，故宜有当时名，而鲁先重之，而齐复取之，而楚终得之也。阮释云：此器旧题麻城鼎，盖得自麻城者。麻城，楚地。宋之麻城在今湖北黄州府麻城县东。楚与齐无破灭事，齐取此鼎当在景公世，则楚之得此鼎或在战国时矣。盖自黄帝、神禹铸鼎以来，铸器积为重事，而鼎尤贵。鲁取宋郜大鼎以纳太庙，出吴寿梦鼎以贿晋卿，及楚子问鼎，屡见于《左传》，则此厔鼎为列国重也固宜。今之陶器，经二百年而价累千金，古之彝鼎，经二百年而力存一国。器不同，而其为好古则一也。若齐人鉴别真赝，至今称最，地气然乎？

43. 鲁厔父鼎

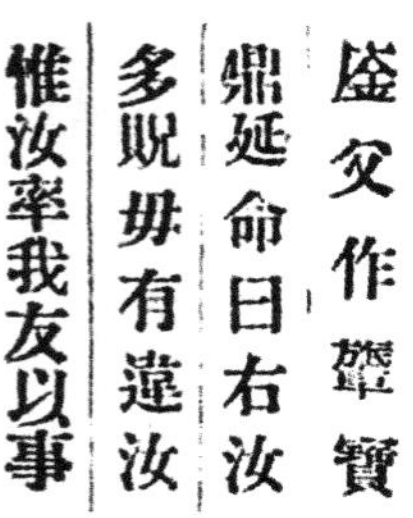
厔交作䵼寶
鼎延命曰右汝
多贶毋有違汝
惟汝率我友以事

44. 鲁大司徙〈徒〉匜

魯大司徒子仲伯
其庶女礪孟姬尊
匜其眉壽萬年無
疆子孫永保用之

右大司徒匜铭。器藏吴县潘氏。谨案:《左》昭四年传,杜洩言穆子聘于王,王赐之路,君命三官书之。季孙为司徒,书名;叔孙为司马,书服;孟孙为司空,书勋。《尚书·牧誓》以司徒、司马、司空为三卿,周之诸侯因之。“三官”,三卿也。鲁三家专政,则世为三卿矣。此大司徒,季氏也。子中伯,其字也。庶女,妾子也。妾子称孟,故曰“孟姬”。“姬”,季氏姓也。曰“砺孟姬”者,《左传》齐庄公母曰“鬷声姬”,杜注:鬷,姬之母姓。此“砺孟姬”,或其母姓为“砺”欤?

45. 鲁太宰原父敦盖

魯太宰原父
作季姬牙媵
敦其萬年眉
壽永寶用

右鲁太宰原父敦盖铭。吴氏《筠清馆》著录。谨案:此鲁送女器也。“太宰”,作器者之官;“原父”,字也,《春秋左传》无其人。齐悼公夫人为季姬,岂季姬将嫁于齐,而太宰原父作器以奉之耶?“牙”,季姬名也。齐、鲁公子皆有以“牙”名者,男女不嫌同名也。妇女之名多不传,其见《左氏》者,宋元之母曰“弃”,齐景之妃曰

“重”，亦皆男子名也。则“牙”为季姬名无疑也。

46. 鲁太宰原父敦

魯大宰原父作季姬牙
賸敦其萬年眉壽永
寶用

右鲁太宰原父敦。谨案：《说文》“賸，物相增加也。一曰送也，副也”。古者嫁女，二国往媵之。“媵”，送也，即副贰也。以器加送谓之“賸”，“賸”“媵”同也。后世申引，谓物余为“賸”，专以“媵”为送矣。

47. 鲁伯愈父盘

魯伯愈父作
邾姬千賸盥
盤其永寶用

右鲁伯愈父盘。谨案：此鲁女嫁邾之賸〈媵〉器。盘、鬲、匜、簠略具，可见鲁国送女之梗概矣。“邾姬”者，如舀皇父敦之“周妘”，遣叔吉父之“王姞”，系以夫之国邑，是其例也。“千”者，鲁女名也，其字为繁文。多父盘“百”字之上加一画，仍读为“百”，此“千”字之下加一画，仍读为“千”也。与齐叔夷镈“三千”合文作True者异也。

48. 鲁伯愈父匜

魯伯愈父作
邾姬千賸盥
匜其永寶用

49. 鲁伯愈父鬲

魯伯愈父作邾姬千賸羞鬲其永寶用

50. 鲁伯愈父簠

魯伯愈父
作姬千簠
其萬年眉
壽永寶用

51. 鲁伯厚父盘

魯伯厚父作
仲姬俞賸盤

右鲁伯厚父盘。谨案：此鲁送女器。“仲姬俞”者，“仲”，鲁女字也；“俞”，其名也。

52. 鲁士𠩺父簠

魯士𠩺父
作飤簠
永寶用

右鲁士𠩺父簠。福山王氏藏器。谨案：《左氏传》鲁无士氏，晋国有之，如士贞子、士文伯之类。此士𠩺父，岂晋人迁鲁者欤？“𠩺”字不见于字书也。

53. 鲁士商𠭯敦

魯士商𠭯肇作朕
皇考叔猒父尊
敦商𠭯其萬年眉
壽子孫永寶用亯

右鲁士商𠭯敦铭，《捃古录》著录。谨案：“士商𠭯”，“士”氏，而“商𠭯”名也。《集韵》“𠭯，大也”。或释“士”为“土”，以为“鲁”字之赘画，非也。金铭“土”作“⊥”，“士”作“士”，释者往往失读。且“鲁”字亦无从“土”者，博考自见耳。

54. 鲁内小臣鼒

魯內小臣
鼈生作鼒

右鲁内小臣鬳铭。器藏吴县潘氏,《攀古楼》著录。谨谨〈案〉:《周礼・天官》"内小臣,奄上士四人,史二人",掌王后之命,相九嫔之礼事,是内小臣寺人职也。晋有寺人披,知诸侯有内小臣,得此铭益足征信矣。床,"鳌"之省,张文襄说是也。案:"鳌"通"僖","僖生",内小臣名也。"鬳",《玉篇》:"煮也。"则鬳为煮器也。

55. 鲁季良父壶盖

殳季良
父作敬姒
尊壺用
盛旨酒
用亯孝
于兄弟
婚媾諸
老用蘄
匃眉壽
其萬年
霝終難
老子孫
是永寶

此器旧在潍县于氏,以其文字完美,韵语雅饬,最为有名于世。论者谓"季良父"为鲁季氏之族,"殳"所食邑,别之以为宗,说亦可通。其为"敬姒"作,则"敬"谥而"姒"姓,是祭器,非送女器也。后归吴县潘氏。

56. 鲁頊叔多父盘

頊叔多父作朕皇考季氏
寶盤用錫純祿受胡福用
及孝婦然氏百子千孫其
事能多父眉壽考吏利于
辟王卿士師尹朋友兄弟
諸子婚媾無不喜曰昊佑
父母多父其孝子作茲寶
盤子=孫=永寶用

许印林说:"盘"作"支",省文。《说文》:"嬿,人姓也。"《姓苑》:"苍梧有嬿氏。"此作炏,从肉从火,省犬。"百子"之"百",作 ,"千孙"之"孙"下有二, 则二"百","孙="则"孙孙",皆寓颂祝之

意，不入正文。“丂”“考”通，见薛书召仲考父壶。“厧”即“天”之变体，加“厂”取高意，或释“昊”，亦通。“又”即“右”，今俗作“佑”。此铭“朕”上、“母”上皆加“一”，不知是何记识，非文字也。

谨案：铭称“皇考季氏”，据《春秋左传》，季氏为鲁三桓，列国别无以季氏为氏者。此称“皇考季氏”，则季孙之子也。“多父”，其字也。“顷叔”者，疑“顷”为采邑，因所居以为称，亦周有汾王、晋有鄂侯、郑有共叔之比也。然氏，郑之氏族，《左传》有“然明”是也。多父娶郑大夫女而为皇考作器，妇为孝妇，而借众口勉己为孝子，于理亦顺。先言皇考，后言父母，其诸父殁而母独存欤？“百子千孙”，吉语，仅见于此。此盘本鲁器，为潍县郭氏物，后失所在。论者以为金文绝品，其拓本世不易见，故亟存之。

57. 鲁邑大古玺

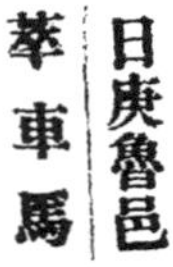

右鲁邑大古玺大篆七字。器藏福山王氏。此玺于光绪十八年出土，潍县人得之，文敏正辑《三代秦汉印谱》，已得六千方，而古印无巨制，故见此玺即以五百五十金易去，以为《印谱》冠冕，自称为海内大宝也。玺方二寸二分，四边作铜墙，如方笔筒形。筒内铸有数铜柱，斜撑其间，疑古时钤马印，其筒所以盛火者也。文曰“日庚”者，即《诗・小雅・吉日》篇“吉日庚午，既差我马”之意。“炗”，古“鲁”字。《左》隐元年传：“仲子生而有文在其手，曰为鲁夫人。”孔疏：石经古文“鲁”作“衣”，手文容或似之。今见“炗”字币，即鲁铸也，篆法正同。“邑”字与相连，却非一字，或合“衣”“邑”释为

“都”字者，非。传世小古玺，旧释“都”者，皆“鲁”“邑”字也。“萃车马”者，聚驾车之马于是邑而差择之，取其良者，以此玺钤之，所以为识也。今汶上县为古中都，地本鲁邑，每岁仲春有车马会，为南骡北马交易之所，四远皆至。古鲁邑之萃车马，亦应如是耳。

58. 铸子叔黑颐鼎

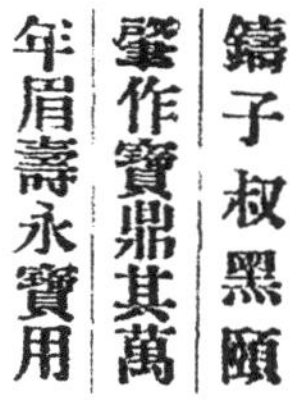
鑄子叔黑頤
鑋作寶鼎其萬
年眉壽永寶用

右铸子叔黑颐鼎铭。光绪初年，肥城出土，器藏益都孙氏。“铸”，小国也。《春秋·左襄二十三年传》：初，臧宣叔娶于铸，生贾及为，继室生纥，立之。臧贾、臧为出在铸。杜注：铸国，济北蛇邱县所治。案：今泰安府肥城县有铸乡，即蛇邱县治也。“子叔黑颐”者，“子叔”氏，“黑颐”名也，若郑公孙黑肱矣。“黑肱”见襄二十二年《左传》，即言“生于乱世，贵而能贫”者。他如周桓公曰“周公黑肩”、晋成公曰“晋侯黑臀”，皆见《左传》。春秋有此名例也。

59. 铸子叔黑颐簠

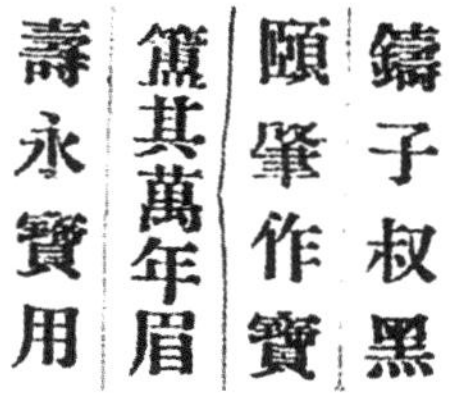
鑄子叔黑
頤肈作寶
簠其萬年眉
壽永寶用

右铸子叔黑颐簠。光绪初年肥城出土，器藏益都孙氏。

60. 邾公华钟

惟王正月初吉乙亥邾
公華擇乃吉金元鏐
赤錯用鑄乃龢鐘以
作其皇祖皇考曰
余翼龔威
忌慭穆不
墜于乃身鑄其龢鐘
以卹其祭祀盟祀以
樂大夫以
安士庶子
慎爲之銘元器
其舊哉公眉壽
周邦是保其萬年無
疆子=孫=永保用亯

右邾公华钟铭。河间纪氏旧藏,《积古斋》著录。谨案:《春秋》昭公元年六月,邾子华卒,秋葬。悼公华,悼公名,阮氏作"周公华",误也。"翼龚威忌慭穆不豕于乃身"者,严恭敬忌,忧虞静默,思继祖考之业,不敢坠于其身也。"豕",古"坠"字也。"盟祀"者,阮氏释云:"《周官·司盟》:北面诏明神,既盟,则为司盟共祈酒脯。"郑氏谓:王之盟主日,诸侯主山川。是盟有祀也。据此知盟祀亦用乐。案:阮说是也。"子慎为之铭元器其旧哉"者,"沓",古"慎"字;"名"即"铭"字;"子慎"者,人之表德,当时能为铭词者也;"元器",谓此钟也。盖用旧钟而刻此铭也。世言汉魏碑例不署书者名,然如樊敏等亦一二见,钟鼎铭署款独有此耳。

61. 邾公牼钟

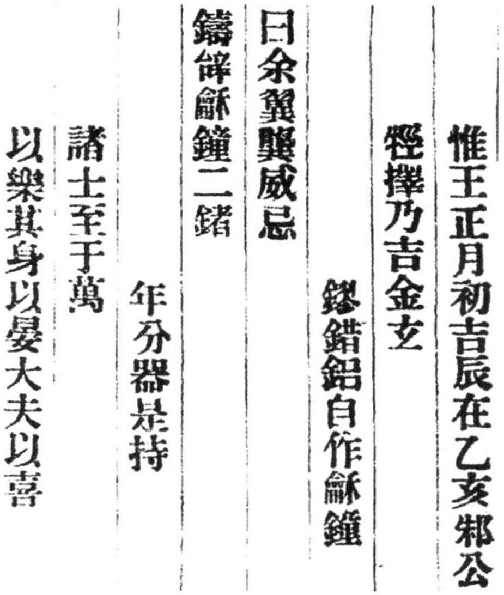
惟王正月初吉辰在乙亥邾公
牼擇乃吉金玄
鏐錯鋁自作龢鐘
曰余翼龔威忌
鑄辝龢鐘二鍺
年分器是持
諸士至于萬
以樂其身以晏大夫以喜

右邾公牼钟铭。曹氏《怀米山房》、吴氏《攈古录》均著录。谨案：《史记·楚世家》陆终生子六人，五曰曹姓。《集解》骃案：“《世本》曰：‘曹姓者，邾是也。’”《春秋》隐元年杜注：邾，鲁国邹县也。案：即今兖州府邹县。“牼”者，《春秋》：襄公十七年春，邾子牼卒。杜注：“宣公也。”“镠”，《尔雅》：黄金之美者谓之镠。“昔吕”即“错铝”，“铝”与“鑢”同。《说文》：“鑢，错铜铁也。”“翼龚”，犹严恭也。“威忌”，犹敬忌也。“和钟二锗”，“锗”，经典作“堵”。《周礼》注：编钟半为堵，全为肆。二堵即一肆也。“晏大夫”“喜诸士”，不言卿，国小官不备也。“分器”者，《书序》武王“班宗彝，作《分器》”是也。“寺”，古“持”字，“分器”是持自守其分所应有之器也。

62. 邾太宰簠

惟正月初吉邾太
宰欉子畊鑄其
饙簠曰余諾龔孔
惠其眉壽以饙萬
年無㠱子孫永寶
用之

右邾太宰簠铭，《捃古录》著录。谨案：“欉”，《集韵》江东谓草木丛生曰“欉”。“𤰈”，字书无此字，当读为“畊”。《玉篇》：畊，古“耕”字也。《晏子春秋》“今齐国丈夫畊女子织”是也。“欉子畊”者，“欉”氏而“子畊”字也。后世省为“丛”，南北朝有“丛镭”，今滋阳县、邹县一带尚有丛姓，其或子畊之苗裔欤？“诺龚孔惠”，“龚”通“恭”，惠顺也，谓言诺貌恭而心甚顺也。“以”，用也，别一器正作“用”，“以”“用”古今通训也。“无㠱”，亦无疆之意也。

63.（又）邾太宰簠

惟正月初吉邾太宰
欉子畊鑄其簠曰余
諾龔孔惠其眉
壽用饙萬年
無㠱子孫永寶用之

64. 邾伯御戎鼎

邾伯御戎作
賸姬寶鼎
子孫永寶用

右郳伯御戎鼎。谨案:《左》昭二十年传,宋有公子御戎。“御戎”自是人名。然考《左传》,郳君无名“御戎”者,其见于《春秋》,书“郳子”,而金文铭则自称公。此“伯御戎”,或“伯”氏而“御戎”名欤?“媵”字不见于字书,当读为“胜”,其所嫁之氏族与地名,如尹叔姬之比也。

65. 郳友父鬲

右郳友父鬲铭,吴氏《攈古录》著录。谨案:“友父”,小郳子始封君也。本名“友”,称“友父”即字矣,此如周公旦称“叔旦”、鲁公伯禽称“禽父”例也。出郳挟之后,夷父有功于周,周封其子友于兒,为附庸,即友父也。《春秋》庄五年“兒黎来来朝”,则书国矣,僖七年“小郳子来朝”,则书爵矣,皆友父后。此鬲铭只作“郳友父”者,于时尚未受封也,“友”字与太史友甗“友”字同。“賸其子□嬣宝鬲”者,“其子”即其女也。《礼经》称“女子子”是矣。“□嬣”,盖其子之字也。

66. 曾伯霥簠

惟王九月初吉庚午
曾伯霥悊聖元武孔
光克狄淮夷印燮緐
傷金道錫行具既俾
方余擇其吉金黃錯
余用自作旅簠以征
以行用盛稻粱用養
用亯于我皇文考天
賜之福曾霥叚不黃
耇萬年眉壽無疆子
孫永保用之亯

右曾伯霥簠铭。潍县陈氏藏器。谨案:《积古斋款识》亦有曾伯霥簠,是同时所造器也。"鄫",古鄫国,在今峄县东八十里。《春秋》僖十四年《左传》:"鄫子来朝。"其字从"邑",《公羊》《说文》同,而《穀梁》、两《汉书·地志》则作"缯",非本字也。《通志·氏族略》:夏少康封少子曲烈于鄫。襄六年,莒灭之,鄫太子巫仕鲁,去"邑"为曾氏。据郑此说,正与铭文相反。此铭系曾伐淮夷,实当其国全盛之时,必在春秋以前矣。则是曾国字本作"曾",其"鄫"若"缯",皆后作也。或据郑说以此簠为仕鲁之世所造,尤非也。失国故太子,居人之国为寄公,仕人之国为客卿矣。若鲁国有事淮夷,为客卿者乃自称国爵、自伐功能,可乎?古人制器刻铭,事皆实录,观此铭文是自主其国者所为,岂寄仕之故太子敢出此耶?此铭自称曾伯霥,与宋公栾鼎一例。"伯",其爵也;"霥",其名也。铭语"光""伤""行""方""行""梁〈粱〉""享""疆""享",皆入韵。或连句用韵,或隔数句用韵,跌宕生姿,为雅诗之逸品,与虢季子盘相埒,洵可诵也。"光""淮""绥""锡",皆繁文。"伤"作"汤",则借字也。"狄",《泮水》笺:"狄"当作"剔",治也。此云"克狄淮夷",亦是意也。"印燮绥伤",言既克而治之矣,和则信之,创则抚之,不尽杀也。"金道锡行”,言以所得淮夷金,于路途即按行锡之,不稽赏也。“具既俾方”,言备有锡金,尽使其比而同之,不偏私也,如此,乃择吉而自作器焉。余多金文习见,“天赐之福”则创语也。惟“皇文考”,《积古》作“皇祖文考”,“曾𩁹”,《积古》作“曾伯𩁹”,则此铭有脱文耳。至“光”“锡”“方”“赐”四字,其书法与《积古》皆相反,古文无反正也。

67. 曾仲盘

右曾仲盘铭,《积古斋》著录。谨案:“仲”,作器者字也。“旅盘”,行器也。

68. 兒始鬲

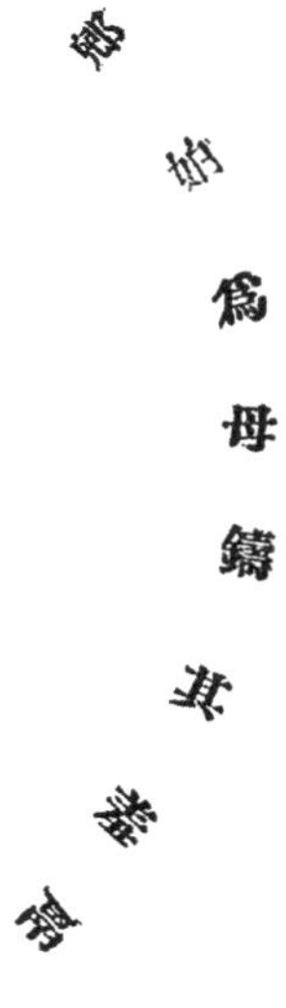

右兒始鬲铭。器藏潍县陈氏。谨案:《春秋》庄五年“兒黎来来朝”,杜注“附庸国也。东海昌虑县东北有兒城”。今案:晋昌

虑城在今兖州府滕县东南六十里，兒城在县东六里。案：晋小邾子之国，邾友分封为附庸，后进爵为子也。“姰”字不见于字书，盖女姓也。此兒姰是兒国之妇，故称兒姰也。为母铸鬲，如庞姞之为父母作敦之类。妇女作器，其文字恒简，礼所谓“无外事”也。

69. 寺季故公敦

右寺季故公敦铭。器藏海丰吴氏。案：“寺”即“邿”字，古国有先从“邑”旁“邿”，因失国而去“邑”以自别者，如“邿”作“寺”是。《通志·氏族略》云：莒灭鄫，鄫太子巫仕鲁，去“邑”为曾氏。尝据以考曾伯霥簠则殊不然，若此寺季故公则为鲁所灭，寓于人国，改“邿”为“寺”，乃可以用郑氏说也。襄公十三年《左传》：“夏，邿乱，分为三。师救邿，遂取之。”杜注：亢父有邿亭。《说文》云：“邿，附庸国。”《汉志》：诗亭，诗国。《水经注》：春秋诗国也，在任城界。今邿国故城在济宁州南五十里。

70. 郜造遣鼎

右郜造遣鼎铭。光绪年间,东平州出土,器归益都孙氏。谨案:郜,附庸国,为鲁所灭,在今济宁州南境。今出东平州,古器流转,莫能臆断也。“遣”字与《积古斋》郜遣敦“遣”字略同。“造遣”是作器者之名字。或以“造”为“造作”之谊,非也。

71. 郜遣敦

郜遣作寶敦
用追孝于其
父母用錫永
壽子孫永寶
用亯器

郜遣作寶敦用
追孝于其父母
用錫永壽子
孫永寶用亯器

右郜遣敦铭,器盖同文,《积古斋款识》《济州金石志》均著录。

(二) 卷次:卷一百四十八《艺文志·石金〈金石〉·金·汉器》

1. 汉菑川太子炉

菑川太子
家金鍮
鑪容二升
半重十
斤八兩

右前汉菑川太子炉铭,《积古斋款识》著录。谨案《汉书·地理志》:菑川国,故齐。《诸侯王表》孝文十六年,以齐悼王子贤立为菑川王,反,诛。孝景四年,徙济北王为菑川王,是为懿王。《志》:传位靖王建、顷王遗、思王终古、考王尚、孝王横、怀王友,八传至王永,为莽贬废。此太子炉无年款,不能定为何王之子物。据汉制,王子不得称太子,曲阜五凤二年石刻,金明昌间高德裔跋云:“直

〈鲁〉灵光殿基西南三十步曰太子钓鱼池，盖刘余以景帝子封鲁，故土俗以太子呼之。”证以此太子炉，则当汉时实有此称，非土俗之讹传也。要亦自称于本国，不得为正谊，盖汉世王国之僭侈，略见一斑矣。

2. 汉阳信家铜銗镂

陽信家銅銗鏤蓋重一斤八兩四年第一

銅銗鏤一重四斤八兩

右汉铜銗镂，器盖皆有铭。藏福山王氏。谨案：《汉书·高惠高后文功臣表》，阳信胡侯吕青以汉五年用令尹初从，功比堂邑侯，千户。至六世元鼎五年，坐酎金免。元康四年二月，青元孙长陵大夫阳诏复家。侯称家，复家即复爵也。西汉制作，盛于武朝，精于宣世，此器形体古厚，厚半寸许，铭刻朴拙，当在元鼎以前未免爵时乎？若复家之时，则在宣世，字款当益精美。此以文字定时代者也。《地理志》：阳信属渤海郡。今武定府阳信海丰地。《功臣表》叉〈又〉有阳信夷侯刘揭，其子孝景六年免。世传汉器无景帝以前物，则此鉶镂应属吕氏无疑也。

3. 汉曲成家铜锭

曲成家銅錠一重一斤十兩第六

右汉曲成锭。旧藏诸城刘燕庭家。谨案：《汉书·高惠高后文功臣表》，曲成圉侯虫达以西城户将三十七人从起砀，至霸上，为执金吾；五年为二队将，属周吕侯；入汉，定三秦，以都尉破项籍陈下，侯，四千户；以将军击燕、代。元鼎二年，其孙坐为汝南太守知民不用赤侧钱为赋，为鬼薪。元康四年，达元孙茂陵公乘宣诏复家。《地理志》：曲成属东莱郡。今莱州之掖县、登州之招远地。此铜锭铭字极精，当是复家后宣世制作耳。《王子侯年表》：曲成侯万岁，中山靖王子。元鼎五年坐酎金免，后未复家，与此无涉。“虫达”或作“蛊逢”，形讹也。

(三) 卷次：卷一百四十八《艺文志·金·存目》

1. 商

(1) 母乙鼎　见阮《志》。旧藏曲阜孔氏。

(2) 济南鼎　见薛氏《款识》。

(3) 鱼鼎　藏益都孙氏。

(4) 天君鼎　藏潍县陈氏。

(5) 鸡彝　见阮《志》。

(6) 父癸卣　见段氏《益都金石记》。

(7) 父辛卣　见冯氏《金索》。

(8) 父丙卣　见阮《志》。

(9) 鱼敦　乐安人掘土所得。

(10) 龙爵　见薛氏《款识》。

(11) 亚爵　见阮《志》。藏曲阜孔氏。

(12) 亚爵　见阮《志》。

(13) 斧木爵　见冯氏《金索》。

(14) 父辛举　见薛氏《款识》。

(15) 父乙觚　见阮《志》。

(16) 立戈觯　藏益都孙氏。

(17) 乙癸鑺　见阮《志》。旧藏曲阜颜氏。

2. 周

(1) 木鼎　在曲阜孔庙。

(2) 亚尊　在曲阜孔庙。

(3) 牺尊　在曲阜孔庙。

(4) 伯彝　在曲阜孔庙。

(5) 册卣　在曲阜孔庙。

(6) 宝簠　在曲阜孔庙。

(7) 夔凤豆　在曲阜孔庙。

(8) 饕餮甗　在曲阜孔庙。

(9) 蟠夔敦　在曲阜孔庙。

(10) 四足鬲　在曲阜孔庙。

(11) 著尊　在曲阜孔庙。

(12) 山尊　在曲阜孔庙。

(13) 鲁太庙欹器　在曲阜孔庙。

(14) 父乙鬲鼎　旧藏济宁李氏。

(15) 鲁公鼎　见阮《志》。

(16) 太师望鼎　见冯氏《金索》。

(17) 乙公鼎　见薛氏《款识》。

(18) 齐侯作孟姜鼎　见王氏《二十三家金文目》。

(19) 齐莽史鼎　见薛氏《款识》。

(20) 邾讨鼎　见吴氏《捃古录》。

(21) 郜鼎　见阮氏《款识》。

(22) 寒姒鼎　见吴氏《捃古录》。

(23) 鄫诸子鼎　见吴氏《捃古录》。

(24) 鄫戋伯鼎　见吴氏《捃古录》。

(25) 遂启諆鼎　见吴氏《捃古录》。

(26) 宝旅鼎　见阮《志》。

(27) 伯夏父鼎　见阮《志》。

(28) 夜君鼎　见吴氏《捃古录》。

(29) 宋右君田鼎　见薛氏《款识》。

(30) 太保鼎　见吴氏《捃古录》。

(31) 邾公望钟　见阮氏《款识》。

(32) 邾公钎钟　见王氏《二十三家金文目》。

(33) 鲁原钟　见吴氏《捃古录》。

(34) 楚良臣钟　见阮《志》。

(35) 鲁文旁尊　见吴氏《捃古录》。

(36) 貉子彝　见吴氏《捃古录》。

(37) 伯鱼彝　见吴氏《捃古录》。

(38) 伯休彝　见阮《志》。

(39) 宗鲁彝　见吴氏《捃古录》。

(40) 召父彝　见阮《志》。

(41) 文姜彝　见吴氏《捃古录》。

(42) 伯鱼卣盖　见吴氏《捃古录》。

(43) 夷伯卣　见吴氏《捃古录》。

(44) 敝卣　见阮氏《款识》。

(45) 师望敦　见薛氏《款识》。

(46) 齐侯作孟姜敦　见王氏《二十三家金文㠯〈目〉》。

(47) 陈逆敦　见王氏《二十三家金文目》。

(48) 纪侯貉子敦盖　见吴氏《捃古录》。

(49) 纪侯敦　见吴氏《捃古录》。

(50) 郜季故公敦　见阮氏《款识》。

(51) 鲁伯大父敦　见吴氏《捃古录》。

(52) 伯鱼敦　见吴氏《捃古录》。

(53) 师寰敦　见王氏《二十三家金文目》。

(54) 莒小子敦　见王氏《二十三家金文目》。

(55) 孟姜敦　见薛氏《款识》。

(56) 仲姜敦 见阮《志》。

(57) 伯车父敦 见《济州金石志》。

(58) 召伯虎敦 见王氏《二十三家金文目》。

(59) 太公簠 见薛氏《款识》。

(60) 遂耒簠 见吴氏《捃古录》。

(61) 太公簋 见《博古图》。

(62) 滕侯簋盖 见王氏《二十三家金文目》。

(63) 铸子簋 见王氏《二十三家金文目》。

(64) 阳叔簋 见吴氏《捃古录》。

(65) 郳伯鬲 见吴氏《捃古录》。

(66) 铸子鬲 见王氏《二十三家金文目》。

(67) 曩鬲 见《两垒轩图释》。

(68) 晋姬鬲 见吴氏《捃古录》。

(69) 郑叔蒦父鬲 见阮《志》。

(70) 太公豆 见《博古图》。

(71) 齐侯盘 见薛氏《款识》。

(72) 齐侯作孟姬盘 见吴氏《捃古录》。

(73) 兮田盘 见吴氏《捃古录》。

(74) 齐侯作孟姜盘 见王氏《二十三家金文目》。

(75) 齐太宰盘 见王氏《二十三家金文目》。

(76) 鲁正叔盘 见薛氏《款识》。

(77) 齐侯匜 见薛氏《款识》。

(78) 齐侯良女匜 见吴氏《筠清馆金文》。

(79) 铸子匜 见王氏《二十三家金文目》。

(80) 曩公匜　见薛氏《款识》。

(81) 孟姜匜　见《博古图》。

(82) 寒孟匜　见郭氏《潍县金石志》。

(83) 鲁侯角　见吴氏《捃古录》。

(84) 乙公爵　见王氏《二十三家金文目》。

(85) 鱼爵　见王氏《二十三家金文目》。

(86) 太师小子师望壶　见王氏《二十三家金文目》。

(87) 齐侯作孟姜盂　见王氏《二十三家金文目》。

(88) 伯矩盉盖　见氏王〈王氏〉《二十三家金文目》。

(89) 距末　见阮《志》。

(90) 陳侯戈　藏潍县高氏。

(91) 宋戴公戈　见阮《志》。

(92) 陳灶戈　见王氏《二十三家金文目》。

(93) 陳蔇戈　见王氏《二十三家金文目》。

(94) 齐城戈　见王氏《二十三家金文目》。

(95) 平陆戈　见薛氏《款识》。

(96) 郲戈　见阮《志》。

(97) 羊子戈　见阮《志》。

(98) 公子矰戈　见阮《志》。

(99) 安平矛　藏益都孙氏。

(100) 郾王戟　藏益都孙氏。

(101) 阳都君坿寿玺　见赵氏《印揭》。

(102) 乐平君印　藏历城李氏。

(103) 佳若邑音毫之玺　见《齐鲁古印笺》。

(104) 单右都口玺　藏益都孙氏。

(105) 厝将渠卿玺　藏吴清卿中丞家。

(106) 齐法货刀　见初氏《钱谱》。

(107) 齐返邦刀　见《钱谱》。

(108) 齐即墨刀　见《钱谱》。

(109) 齐即墨小刀　见《钱谱》。

(110) 莒安阳刀　见《钱谱》。

(111) 莒簭邱刀　见《钱谱》。

(112) 郕伯刀　见《钱谱》。

(113) 济川金货　见《泉汇》。

(114) 卢货　卢,齐地。

(115) 文货　即汶上地。

3. 秦

(1) 秦权铭　见王氏《二十三家金文目》。

(2) 秦诏版　南海李氏得于济南。

(3) 秦量铭　黄县丁氏得于滕县。

(4) 秦量残铜　见《益都新志》。

(5) 右军戈　见阮《志》。

(6) 虎符　潍县李氏得于滕县。

4. 汉

(1) 孔光鼎　在曲[阜]孔庙。

(2) 菑川鼎　见吴氏《筠清馆金文》。

(3) 永始鼎　见《两垒轩彝器图释》。

(4) 临菑鼎　见王氏《二十三家金文目》。

(5) 五同鬲　见阮《志》。

(6) 羊灯　见阮《志》。

(7) 长宜子孙钩　见阮《志》。

(8) 千万钩　见《益都新志》。

(9) 阿武戈　见阮《志》。

(10) 天水剑　见阮《志》。

5. 后汉

(1) 太尊　在曲阜孔庙。

(2) 牺尊　在曲阜孔庙。

(3) 象尊　在曲阜孔庙。

(4) 山尊　在曲阜孔庙。

(5) 雷尊　在曲阜孔庙。

(6) 宜子孙铃　见阮《志》。

(7) 虑虎〈虒〉铜尺　见阮《志》。

(8) 鹭鱼洗　见阮《志》。

(9) 永初洗　见阮《志》。

(10) 长宜子孙洗　见阮《志》。

(11) 宜子孙洗　藏历城茅氏。

(12) 吉羊洗　藏诸城李氏。

(13) 日利千金鼎　见阮《志》。

(14) 永兴铜釜　见阮《志》。

(15) 建安弩机　见阮《志》。

(16) 尚方弩机　见《益都新志》。

(17) 尚方御镜　见阮《志》。

(18) 泰山镜　藏潍县陈氏。

(19) 桼言镜　见阮《志》。

(20) 七言镜　见阮《志》。

(21) 黄帝镜　见阮《志》。

(22) 浮游镜　见阮《志》。

(23) 众神镜　见阮《志》。

(24) 日有憙镜　南海李氏得于济南。

(25) 老复丁镜　即阮《志》"日有憙"镜。

(26) 丹阳镜　见《益都新志》。

(27) 许氏镜　见阮《志》。

(28) 朱氏镜　藏潍县陈氏。

(29) 青盖镜　见阮《志》。

(30) 白圭镜　见阮《志》。

(31) 高官镜　见阮《志》。

(32) 青龙镜　藏潍县陈氏。

(33) 新莽镜　即阮《志》"乐无极"镜。

(34) 东平王玺　见张氏《宝汉斋印谱》。

(35) 石洛侯印　见阮《志》。

(36) 巨野侯印　见顾氏《印谱》。

(37) 昌邑侯印　见顾氏《印谱》。

(38) 曲成侯印　见瞿氏《集古印考》。

(39) 牧邱侯印　藏吴门叶氏。

(40) 乐安侯印　见范氏《印谱》。

(41) 东武亭侯　见汪氏《印存》。

(42) 常乐亭侯　见杨氏《印谱》。

(43) 平昌侯相　见汪氏《印存》。

(44) 高密侯相　见《印萃》。

(45) 济南相印　见《印萃》。

(46) 琅邪相印章　在胶州。

(47) 清河仆印　见冯氏《金索》。

(48) 济南太守章　见《印统》。

(49) 樊令之印　见顾氏《印谱》。

(50) 蕃令之印　见《印丛》。

(51) 亢父令印　见《集古官印考》。

(52) 顿邱令印　见阮《志》。

(53) 合乡令印　见《齐鲁古印捃》。

(54) 长广令印　见《齐鲁古印笺》。

(55) 临菑令印　见《印丛》。

(56) 平原令印　见《集古官印考》。

(57) 即邱令印　见汪氏《印存》。

(58) 益长之印　见《印丛》。

(59) 柜长之印　见陈氏《印举》。

(60) 利成长印　见汪氏《印存》。

(61) 即墨长印　见惠氏《印谱》。

(62) 昌邑长印　见顾氏《印谱》。

(63) 汶阳长印　见桂氏《缪篆分韵》。

(64) 琅槐丞印　见《印丛》。

(65) 宁阳丞印　见顾氏《印谱》。

(66) 牧邱家丞　见范氏《印谱》。

(67) 金乡国丞　见《集古官印考》。

(68) 平昀国丞　见《集古官印考》。

(69) 东平陆马丞　见阮《志》。

(70) 平原徒丞　藏张廷济解元家。

(71) 营邱太守丞　见《印统》。

(72) 郭海食官丞印　见《集古官印考》。

(73) 齐典医丞　见《印统》。

(74) 东莱守丞　见《集古官印考》。

(75) 东郡守丞　见《集古官印考》。

(76) 肥城右尉　藏瞿中溶家。

(77) 鬲左尉印　见阮《志》。

(78) 剧右尉印　见桂氏《分韵》。

(79) 东武尉印　见《集古官印考》。

(80) 梧成尉印　见《齐鲁古印捃》。

(81) 曲成侯尉　见《印统》。

(82) 济南侯印　见《印统》。

(83) 胶西侯印　见冯氏《金索》。

(84) 菑川侯印　见《古印笺》。

(85) 千乘均监　见汪氏《印存》。

(86) 齐陵长印　见汪氏《印存》。

(87) 蒙阴宰之印　见查氏《印谱》。

(88) 梃县左执奸　见《齐鲁古印捃》。

6. 魏

(1) 太和钟　见阮《志》。

(2) 正始炉　见阮《志》。

(3) 临淄侯印　见冯氏《金索》。

7. 吴

(1) 周仲镜　见阮《志》。

8. 晋

(1) 永昌椎　见阮《志》。

(2) 张尹镜　见阮《志》。

(3) 大吉编钟　见《益都新志》。

(4) 乐安王章　见顾氏《印谱》。

(5) 东海太守章　见汪氏《印存》。

(6) 寿张典书令印　见范氏《印谱》。

(7) 西安令印　见《集古官印考》。

(8) 费县令印　藏瞿中溶家。

(9) 试守东阿长印　见桂氏《分韵》。

9. 梁

(1) 太平镜　见阮《志》。

10. 隋

(1) 日光镜　见阮《志》。

(2) 大阳镜　藏益都孙氏。

(3) 吉禽镜　见阮《志》。

(4) 大业铃　见阮《志》。

(5) 宜子孙铎　见阮《志》。

11. 唐

(1) 镈钟　在曲阜孔庙。

(2) 永庆寺钟　在德州。

(3) 龙兴寺钟　见段氏《益都金石记》。

(4) 八卦镜　见段氏《益都金石记》。

(5) 玉台镜　见阮《志》。

(6) 凝青镜　见《益都新志》。

(7) 临池镜　见阮《志》。

第二章　济南市古方志载青铜器资料辑录(4条)

一、(乾隆)《历城县志》50卷(清乾隆三十八年刻本)

(一) 卷次：卷第二十三《金石考一·商》

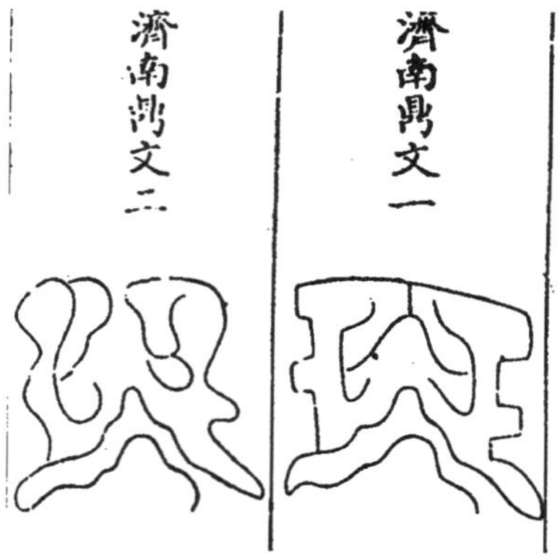

1. 济南鼎二　向潘传本　　薛尚功《历代钟鼎彝器款识法帖》。

右二铭字画奇怪，未容训释，以鼎出济南，姑以名之。本以一器，缘传写不同，未详孰是，聊并存之。同上。

薛尚功《钟鼎款识》第二卷有济南鼎二，其文如五岳正形图，此吾郡典故也。然二鼎今不知所在，或已入宣和内府矣。《香祖笔记》。

二、(民国)《续修历城县志》54卷(民国十五年铅印本)

(一)卷次:卷三十一《金石考一·商》

1. 史梅蚘彝

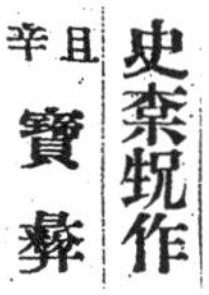

右彝高四寸二分,深三寸三分,口径六寸,腹围一尺八寸四分,重六十二两。两耳有珥。铭八字。史,官名。《世本》:黄帝始立史官,仓颉、沮诵居其职。又《周官》有太史、小史、内史、外史之官。此虽未言为何史,然款识中如颂敦"王呼史虢生"之类,"内史某"多省作"史某"。则此云"史楳蚘"者,疑亦内史之职也。楳,古"梅"字,或作槑、某、楳。《广韵》:梅氏本自子姓,殷有梅伯。蚘,旧释为兄,或释为生,都无定论。按古文"生"字作**㞷**,此左旁从㞢,右旁兄字,亦微不同。大约此为从㞷得声之字。曾见他铭有此字,与"庚""阳"为韵,惜古音不可考矣。《筠清馆》释为"生""兄"二字合文,且云作"𦐣"书者,当训为弟兄,作"䊸"书者,当训为兄弟。其说殊为穿凿。"且",古"祖"字。周伯琦训为古"俎"字,非是。"祖辛"二字合文。此彝篆文明秀,章法整齐,通体及两耳均饰凤皇,底亦饰以蟠夔。文镂精工,朱绿交错,洵为瑰奇伟丽、工妙可喜之物。同治七年岁次戊辰,季冬丁筱农都转贤友彦臣,得于济垣,遂以持赠。昔刘原父以簠、敦二事遗赠欧阳公,公著之《集古录》中,以为投赠之报。今余书虽不敢望《集古录》,然筱农博雅好古,方之原父无多让焉，是不可以不记。因详书其岁月于此，庶几筱农之雅意与此彝同垂不朽云。南海李氏《宝彝堂吉金文字》。

(二) 卷三十一《金石考一·周》

1. 齐管仲煮盐铜盘

右铜盘二，在运司署内也可园中。口径四尺二寸，高三寸，重二百二十斤，无款识，一完整，一有璺。器旧在掖县西繇场盐大使署灶房，嘉庆初年，盐大使汪德润运至省垣运司署中，莱州侯穆止登岸。《掖乘》云：西繇场灶房旧有铜制盐锅二十余枚，乾隆中尚存有二，底平而色绿，传为齐管仲煮盐锅。虽未能确，其为古物无疑。案《史记·平准书》"因官器作煮盐，官与牢盆"，注：牢，廪食也；盆者，煮盐之盆也。其所谓盆，或即此物欤？《新修山东通志》。

按：此二铜盘向在运署也可园后廊下，乙卯岁犹见之，一完好一微缺。现在已佚，闻系被人窃出，售于日本人。

(三) 卷三十一《金石考一·汉》

1. 宜子孙镜

右镜圆径五寸九分，素鼻，篆铭三字。咸丰三年，济垣筑土圩，发地所得。南海李氏《宝彝堂吉金文字》。

第三章　青岛市古方志载青铜器资料辑录(8条)

一、(道光)《重修平度州志》27卷(清道光二十九年刻本)

卷次：卷二十四《考二·金石》

1. 齐即墨刀

凡有数种，长周尺可五寸余，刀首博可盈寸，下渐狭，可七分。周围有郭，镎末有环，径可六分，围寸有八分。其文有“即墨邑之法货”，有“即墨之法货”“即墨法货”，“即”皆加“竹”，“墨”或省作“土”，“土”或作“邱”，“法”“货”皆省“水”“贝”，“邑”并省“口”。而背文各异，不下十余种。面文六字者，有“右安邦”，有“十左”，有“十货”，有“十法甘”，有“十日”，有“三十上”，有“十下”，有“九”，有“大”，皆古文，无伪造之迹。面文五字者，或有文作一大圆，或无文。面文四字者，或遍作鳞纹，或起一钉，或无文。环之胫面，皆有三棱如柱。背文，《博古图》不柱〈注〉其义，“甘”字尤难解，疑铸者之名也。凡下注文言丈、尺者，皆周尺，今尺十寸之七也。

二、(民国)《胶澳志》12卷(民国十七年铅印本)

卷次：卷十一《艺文志三·金石》

1. **徐福岛古铜印**　岛在即墨县治东南五十里海中。秦徐福入海求仙,曾停舟于此。光绪乙未,岛人于土中得铜印一方,篆文曰“太原仙道图书”。

2. **南城阳村古铜印**　村在即墨县治西南三十余里,汉不其地也。光绪间,村人于土中得铜印,高寸余,方不及寸,狮纽,篆文曰“周昌之印”。

3. **高家崮古铜器**　华楼山高家崮,山水会流处也。同治间,土人于沟中得古铜器甚夥,惜皆无字迹可寻。

以上见王葆崇《崂山金石目录》。

4. **即墨县印**　见惠氏《印谱》。

5. **齐即墨刀**　见《钱谱》。

6. **齐即墨小刀**　见《钱谱》。

7. **古箭镞**　民国十六年,本埠工程员往劳山察看水源,于明道观西北十里王家大后道中得古箭镞一,锋锐色绿,铜制,纯锈,触之剥落。现藏唐蜀眉家。

第四章　淄博市古方志载青铜器资料辑录(36条)[1]

一、(民国)《临淄县志》35卷(民国九年石印本)

卷次：卷四《金石志上》

1. 纪鬻　存孙娄店王烇焯家。

王烇焯记：纪鬻，重八斤十二两，高四寸一分，口径六寸六分，围二尺一寸，厚四分。三足，两耳，水藻文，极工细。其铸当在鲁庄二年后。上有古篆十字。

2. 齐管仲煮盐铜盘

管仲铜盘二，在运司署内也可园中。口径四尺二寸，高三寸，重二百二十斤，无款识，一完整，一有璺。器旧在掖县西由场盐大使署灶房，嘉庆初年，盐大使汪德润运至省垣运署中，莱州侯穆止登岸。《掖乘》云：西由场灶房旧有铜制盐锅二十余枚，乾隆中尚存有二，底平而色绿，传为齐管仲煮盐锅。虽未能确，其为古物无疑。

① 本章所辑录的方志铜器铭文释文，并未按照铭文原有行款排布。这涉及方志编纂者对于青铜器铭文的理解和认识，对于读者来说可能有参考价值。鉴于此，本章中铜器铭文也采用和本书行款一致的做法，用繁体字排版，以保持其隶定信息。

3. 齐国佐甔

國佐立事歲咸月亥攻師佸鑄西郭寶甔四秉用實旨酒侯氏受福眉壽俾旨酒清侯氏毋咎毋癘齊邦貯静安寧子=孫=永保用之文官十斗，一鈞三斤。

右齐国佐甔。阮《籍〈积〉古斋款识》著录，所释多不确。孙氏《续古文苑》录此文，所释较为妥协。《攟古录》载许印林瀚说最详，《古籀拾遗》亦有训释。兹谨就诸家说而是正之。“国佐”，许识“国佐”即齐之宾媚人，谥武子。许说是也。案：《说文》无“佐”字，而齿部收“䶅”，佐声。盖许书所无之字，散见于本书偏旁者甚众，非自遗漏，即传写脱之矣。“攻师佸铸西郭宝甔”，《续古文苑》所识最确，而作器本意，诸家未能详也。谨案：铭云“国佐立事岁”者，“立”通“莅”，所莅之职事也，“铸西郭甔”即其职权限之内。此甔，齐之公量也。齐重商业而民人众多，非有均平之公量，不足以息民争。迨陈氏方造家量，暗阔于公量，以盗齐国矣。当国佐事，固无佗也。“咸月亥”者，旧识为“岁咸丁亥”者误，古不以甲子纪年。《积古》以秦甲午簋为甲子纪年之始，许氏又以此为甲子纪年之始。微论此铭非是，则甲午簋实宋器，阮释亦非也。此“月”字，乃奇字。“咸月”，不知何义，如《尔雅》月名之比，此或齐国之自为。识别陈猷釜、陈子禾子釜皆有此文法，如陈猷釜云“陈猷立事岁𩰫月戊寅”，陈子禾子釜云“□□之立事岁禝月丙午”者，并此而三，惜不获多见。齐器。而十二月名可与《尔雅》“正月为陬”云云相参论也。此咸月“亥”上脱一字耳。“玄”〈亥〉，亥日也，铸器多用之。“攻师佸铸西郭宝甔”乃国佐莅事岁，因西郭市量不均平，铸值〈置〉西郭，为民作则也。“四秉”，其量之本数也。《论语》“冉子与之粟五秉”，此少五之一耳。“用实旨酒”，酒贵于粟，举以语冉子与之粟五秉此少五之一耳用实旨酒酒贵于粟举以[1]例其余，并非专以甑为酒器也。乃先云“实旨酒”，而复云“俾旨俾清”，言其量既均平，而又无所伪欺，则侯氏福寿无咎疠，齐邦宁静矣。为国家颂祷，实所以息民争端也。“賓”即“贮”字，賓、静、安、宁是一意。賓者，积而不动之物也，许氏及《拾遗》皆读为鼎鼏之“鼏”，解为密静，反迂曲矣。“文官十斗”云云，是概量时所凿，古器间有之。

4. 齐叔夷镈

惟王五月辰在戊寅師于臨淄公曰汝夷余經乃先祖余既敷乃心汝忩畏忌汝不墜夙夜宦暬而政事余弘猒乃心余命汝政于朕三軍肅成朕師輿之政得諫罰朕庶民左右毋諱夷不敢弗憼戒虔卹乃尸事戮和三軍徒御雩乃行師慎中乃罰公曰夷汝敬供司命汝應奉公家汝恐勞朕行師汝肇敏于戎功余錫汝萊都精爵其郡百余命汝治司蓍御國徒𢆶為汝敵僚夷敢用拜稽首弗敢不對揚朕辟皇君之錫休命公曰夷汝康能乃有事率乃敵僚余用登純厚乃命汝夷母曰余尐汝捍余于艱卹虔卹不易左右余亣余大命汝簡佐卿為大使繼命之于外内之事中敷明刑汝台敷戒公家應卹余于明卹汝台卹于朕身余錫汝車馬戎兵萊僕言有卒家汝台戒戎作夷用國拜再拜稽首應受君公之錫光余弗敢廢乃命夷典其先舊及其高祖虠成湯又嚴在帝所博受天命剿代履同敗乃靈師伊小臣惟輔國有九州處禹之都不顯穆公之孫其配翼公之出而成公之女雩生叔夷是辟于齊侯之所是忩龔齊靈乃諾虔勤勞

[1] “语冉子……举以”为衍文。

其政事有供于公所[illegible]擇吉金鈇鎬鎌鋁用作鑄其寶镈用享于其皇祖皇妣皇母皇考用祈眉壽靈命難老不顯皇祖其作福元孫其萬福純魯和穆而有事俾若鐘鼓外内剴闢都俞舍而朋剌母或異類汝考壽萬年羕保其身俾百斯男而藝斯字肅=義政齊侯左右毋疾毋已至于世曰武靈成子孫羕保用享

右齐叔夷镈铭，宋薛尚功《钟鼎款识》著录，凡四百九十二字。薛氏谓其形制大于特钟，更以字数度之，知为大器。此齐大夫叔夷有功于临淄之围，其君灵公锡以三命，俾之作器也。《史记·十二诸侯年表》齐灵公之二十七年，即鲁襄公之十八年，晋围临淄，详载于《左氏传》。此铭“师于临淄”，即其事也。是役也，齐国几危。《传》言灵公自平阴败退于临淄，奔北四五百里，完守入保，雍门已焚，殃及四郭，而齐城终未破者，伊谁之力欤？则左右于灵[公]者，叔夷其人也。功在救败，得与克敌同赏，其名顾不显于传记，千古而下，幸赖金文以传，讵非有不可泯没者耶？此铭薛《款识》外，王楚〈黼〉《宣和博古图》、王求〈俅〉《啸堂集古录》及孙星衍《续古文苑》、孙诒让《古籀拾遗》皆有释文。顾前数家皆不能考论其世，孙氏《拾遗》则知之为灵公之世矣，而犹不知即围临淄之役。惟其训释为详，兹并采焉，而下己意以解之。云“惟王五月辰在戊寅”者，此铸镈经始之日，围临淄之明年，周髭王十八年五月十五日也。杜预《长历》是月甲子朔，壬辰晦，十五日得戊寅。在《传》言晦日而齐灵公卒，《经》书七月辛卯，迟六十日者，据赴告至鲁日而书之也。薛《款》载编钟铭，称“桓武灵公”，是铸于论谥以后，而仍云“五月戊寅”，故知为铸镈经始之日也。“师于临淄”者，此述前事为三命之标题,不叙被围者,为君国讳也。此句不与上五月日连读,金文例如此。𤰈,古“临”字,与《说文》“𢎘”同意,“𢎘”即“畼”字,注云“从田、𢎘,象耕田沟诘拙〈诎〉也”。此字作两物际水形,是相临之意;内似两“用”字,一倒一正,借以指事也。“灉”即“淄”之古文,右畔䊮与小篆微异,不得谓《说文》无“淄”篆,遂疑之也。《说文》“甾”篆亦不见于彝器中也。古文、小篆,其隔绝有如此者。云“公曰汝夷”至“昚中乃罚”,此一命也。“尸”,古文“夷”之省体。曾伯𩃎簠、兮田盘“淮夷”恒见,与“人”字迥别,旧识“及”,误也。“余经乃先祖”者,凡金文命官、锡物,先称其祖考,而后及其本身。此句为末段张本,更见三代文法与寻常金文不同。“余既敷乃心”者,《说文》“尃,布也”,即“敷”字也。“忈”者,“小心”合文,如“小子”矣。“汝不坠夙夜宧暬而政事”者,僖十七年《左传》“妾为宧女焉”,杜注“宧”为“宧,事于秦为妾也”。凡事人曰“宧”,谓简贱也。暬,《说文》云“日狎习相慢也”。《诗·小雅》“曾我暬御”,亦谓轻慢也。言汝不至坠于夙夜,而简贱轻慢其政事也。“余弘厌乃心”者,《拾遗》云,杨子《法言》李轨注:弘,深也。《周语》“克厌天心”,韦注:厌,合也。“猒”“厌”,古今字。言余深合其心也。“余命汝政于朕三军肃成朕师与之政得谏罚朕庶民左右毋讳”者,此与以军政之官。“政”者,正也。《史记·田穰苴传》:“召军正问曰:‘军法期而后至者云何?’对曰:‘当斩。’”又,“问军正曰:‘军中不驰。今使者驰,云何?’正曰:‘当斩。’”此铭“谏罚朕庶民左右毋讳”,即军正职也。“箫”读“肃”,“旟”读“与”,皆借字。“德”通“得”,《易·升》“以顺德”。《释文》:“‘德’,姚本作‘得’”,是也。“夷不敢弗憼戒虔恤乃尸事戮和三军徒御雩乃行师慎中乃罚”者,此既受以军正之官,乃戒之以和军、行罚之意也。“死”为“屍”之省。屍,《说文》:终主也,从尸。案:尸,亦主也。此“死事”当读为“尸事”,谓所主之事也。翏即“戮”字,谓戮力也。戮力以和三军徒御及行师,始能慎罚也。“御”乃繁文字。“昚”,古“慎”字也。“公曰夷汝敬供司命”至“朕辟皇君锡休命”者,此再命也。“敬供司命”者,谓敬以共所司之命令也。“汝应奉公家”者,“奉”乃真古文。“奉”字,二“上”字也,字书固有从“上”之古文“奉”也,小篆作王〈三〉“手”,古文则五“手”矣。“恐劳朕行师”者,爱君也。“劳”从衣,别体字也。“肇敏于戎功”者,即《诗·江汉》之“肇敏戎公”,“公”“功”同也。“锡汝莱都䊭爵其郡百”者,齐灵公十五年灭莱,迁莱于兒,高厚、崔杼定其田,见《左传》。孙氏《拾遗》亦读“莱”也。“䊭”,古文从胥省。“爵”,异体字也。古县,大郡、小郡系于县,其字从县省,君声也。《左传》赵简子铁之战,其誓辞曰:“克敌者,上大夫受县,下大夫受郡,士田十万。”盖诸侯法也。夷为佐卿,受郡,宜矣。观于“士田十万”,则百郡非侈也,即所谓与克敌同赏也。“余命汝治司莱邑”者,𤔔即[乱]之别体,古文以“乱”为“治”。王楚〈黼〉《博古图》、王俅《集古录》正读为“治”也。“莱邑”二字合文,言命汝治所司之莱邑也。“御国徒三千”者,御,别体字。“三千”二字,合文也。“为汝敌僚”者,言以国之徒御为敌忾之僚属也。“夷敢用稽首对扬休命”者,再命之乃敢答,恭也。“公曰夷汝康能乃有事”至“余弗敢废乃命”,此三命也。“汝康能乃有事率乃敌僚余用登纯厚乃命”者,此承再命而申重之,有厚望于夷也。“康能”者,心安而事自善也。“乃有事”者,汝所有事,即率乃敌僚登进也,言以汝能,乃进而命汝,意更纯厚也。“汝夷毋曰余小子”者,此设词,言汝勿自谦抑,〈以〉亦为少贱也。“汝捍余于难恤虔恤不易左右余一人”者，言汝之为余捍患，有大功于余也。卓，捍。囏，古“难”〈艰〉字。既云“艰”矣，又云“不易”，《尚书·君奭》“天命不易，天难谌”，有此文法尔。“汝简佐卿为大使继命于外内之事”者也，“缄”读为“简”，言将简汝为佐卿，出使诸侯也。春秋时，出使皆次卿，故曰佐。管仲对周王云“有国、高在”是也。“中敷明刑”者，盟通“盟”，即明也。言折中以布明刑也。“汝台敷戒公家”者，言以明刑为公家儆，张四维也。台，以也。“应恤余于明恤”者，《拾遗》云“盟，恤”，与《君奭》“百姓王人罔不秉德明恤”文同。“女台恤于朕身”者，“余”读“于”也。“余锡汝车马戎兵莱仆二百有五十家汝台戒戎作”者，此三命，锡及车马。《曲礼》曰：“为人子者，三赐不及车马。”郑注：“三赐，三命也。凡仕者，一命而受爵，再命而受衣服，三命而受车马。车马，而身所以尊者备矣。卿、大夫、士之子不受，不敢以成尊比逾于父也。”叔夷称父为皇考，则已殁矣，故可受也。此铭正与《曲礼》经注相发明也。“二百”“五十”皆合文也。《拾遗》云，“台戒戎钕”犹《诗·抑》云“用戒戎作”，“台”“用”义同，“钕”“作”一字也。“夷用国”者，用事国家，承上“余用登纯厚乃命”。不复为“余小子”之谦抑辞，故受君赐光，弗废乃命，亟为奋勉也。“夷典其先旧”至末者，此应卜〈上〉“余经乃先祖”，因述祖考之烈，而明铸镈之由，以自勖也。“及其高祖虩=成汤”者，成唐即成汤也，称成汤为高祖，夷盖宋人而仕齐者也。《盘庚》“肆上帝将复我高祖之德”，高祖，汤也。《易·震卦》爻辞“震来虩=”，马融注：虩=，恐惧貌。此述其功烈，于恐惧无取也。《拾遗》云：“唐”从庚声，“汤”从易声，古音同部，故借汤〈唐〉为汤。《说文·口部》：唐，古文作“啺”，是其证也。“又严在帝所博受天命”

者，谓汤受伐夏之命于天也。帝所，天也，赵简子梦“之帝所，甚乐”者是也。“敢”者，“严”之省也。“剿伐履同败之乃灵师”者，“剿”为古文。頣，古“履”字，“頣同”即履癸也，而云“頣同”者，疑夷父本宋人，尚沿殷遗而名贵〈癸〉，故夷讳之曰“同”，如司马迁之书“赵谈”为“赵同”欤？薛《款》编钟“同”作“司”者，范坏也。《拾遗》云：桀名履癸，见《史记·殷本纪》。《说文》无“散”字，疑即“败”之或体。“灵”训大灵，“师”言大师也。“伊小臣惟辅国有九州处禹之都”者，此谓伊尹佐汤有夏之天下也。九州，禹所定也。殷之九州仅见《尔雅》，于古籍无征也。此云国有九州，处禹之都，则夏殷同也。《拾遗》云，“伊”从孙星衍释也，《说文》“伊”古文与此形相近。“伊小臣”者，伊尹也，古书多称伊尹为小臣。《楚词〈辞〉·天问》“成汤东巡，有莘爰极。何乞彼小臣，而吉妃是得？”王逸注：小臣谓伊尹也。《吕氏春秋·尊师篇》“汤师小臣”，高诱注：小臣谓伊尹也。“不显穆公之孙其配翼公之出而成公之女雩生叔夷是辟于齐侯之所”者，“穆公”，宋穆公也；穆公之孙，夷之考也。当灵公末年，正值宋平公之世，上溯穆公，已八世矣，历年百七十有余，恐非叔夷之曾祖矣。此如《诗·閟宫》“后稷之孙，实维大王”，远孙称孙，是其例也。“婌”，读为“出”，《尔雅·释亲》“男子谓姊妹之子为出”是也。“成”字加食旁，则繁文矣。“公所”，薛《款》编钟作“桓武灵公之所”，故知此齐侯为灵公也。“是小心龚齐灵力诺虔勤劳其政事又供于公所”者，“袭”〈龚〉，恪也；“齐”，敬也；“灵”，善也。“灵力诺虔”，谓善用力而言则慎也。“诺”作“若”，“勤”作“堇”，“供”作“共”，皆字之省也。“夷縠择吉金”至“其万福纯鲁”者，“夷縠”二字合文，《书·费誓》“縠(谷)乃甲胄”即此也。余文皆习见也。“和穆而有事俾若钟鼓外内剀辟都俞”者，“穆”本作“谬”，通“缪”，即“穆”也。钟鼓之声闻于外内，“剀辟都俞”言其无不和也。“舍而朋剿毋或异类”者，戒词也。“剿”，字书通“劓”，训割。“朋剿”者，朋比之人有割损也。“异”“类”二字皆字之省，从孙星衍《续古文苑》读也。“俾百斯男而艺斯字”者，“百男”见《诗》，“斯字”即此铭也，后世视此刻文见于碑版，本乎此也。“肃=义政”者，薛《款》失其重文，然编钟有之，则此铭当作“肃=”无疑。齐陶子镈亦有此语，更可证也。“齐侯左右毋疾毋已”者，言长在齐侯左右，无有咎病，无有已时也。“至于世曰武灵成”者，此“武灵成”非齐宋先君谥，叔夷先世则见前矣，盖言后世继武而善成先业，当时语也。“子孙羕保用享”，是铸器成例。“子孙”二字不与“武灵成”连读也。

5. 齐侯十三钟铭

(1) 齐侯钟铭一

惟王五月辰在戊寅師于臨淄公曰汝夷余經乃先祖余既敷乃心汝忠畏忌汝不墜夙夜宦誓而政事余弘厭乃心余命汝政于朕三軍肅成朕師與之政得諫罰朕庶民左右毋諱夷不敢弗憼戒虔卹乃尸事戮和三

(2) 齐侯钟铭二

軍徒御雩乃行師慎中乃罰公曰夷汝敬供司命汝應奉公家汝恐勞朕行師汝肇敏于戎功余錫汝萊都稭爵其郡言余命汝治司萊御國徒𠦜為汝敵僚夷敢用拜稽首弗敢不對揚朕辟皇君之

案：“百”字上作二画，当以镈为正。“莱”下脱“邑”字。

(3) 齐侯钟铭三

錫休命公曰夷汝康能乃有事率乃敵僚余用登純厚乃命汝夷毋

曰余小子汝捍余于艱邺虔邺不易左右余㚇余命汝簡佐正卿繼命于外内之事中敷明刑台敷戒公家應邺余于

案：镈铭“小子”合文，此分书。“小”作“少”，见《汗简》。古文“少”“小”不分也。“佐卿”作“［佐］正卿”，“卿”下脱“为大使”三字。“汝台敷戒”脱“汝”字。

（4）齐侯钟铭四

明邺汝台邺于朕身余錫汝馬車戎兵萊僕三百有五十家汝台戒戎作夷用國敢再拜稽首應受君公之錫光余弗敢廢乃命夷典其先舊及其高祖虩=成湯又嚴在帝所博受天

案：镈铭“车马”，此作“马车”，误倒。“博受”，此作“尃”，误。

（5）齐侯钟铭五

命剿伐履司敗乃靈師伊小臣惟輔國有九州處禹之都不顯穆公之孫其配翼公之出而成公之女雩生叔夷是辟于齊侯之所是小心龔齊靈力諾處勤勞其政事有供于桓武靈公之所桓武靈公錫乃吉金

案：镈铭“履同”，“同”此作“司”，误。“小心”合文，此分书。“有供于公所”，此作“有供于桓武灵公之所”，是作于灵公卒后，故与镈异。“夷穀择吉金”，此作“桓武灵公锡乃吉金”，盖先命作器，后乃锡金，故不同也。

（6）齐侯钟铭六

鈇鎬玄鏐鏞鋁夷用作鑄其寶鐘用享于其皇祖皇妣皇母皇考用祈眉壽靈公難老不顯皇祖其作福元孫其萬福純魯和穆而有事俾若鐘鼓外内剴闢都俞舍而朋剸母或異類

案：“镐”下多“玄镠”二字；“宝镈”作“宝钟”，如其器也。

(7) 齐侯钟铭七

汝考壽萬年永保其身俾百斯男而藝斯字肅=義政齊侯左右毋疾毋已至于世曰武靈成子孫永保用享

案:“羕”作“永”,下同。

(8) 齐侯钟铭八

斯男而藝斯字肅=義政齊侯左右母公之孫其配翼公之出而成公之

(9) 齐侯钟铭九

政得諫罰朕庶民左右母諱夷不敢

(10) 齐侯钟铭十

朁而政事余弘厭乃心余敏于戎功余錫汝萊都稩

(11) 齐侯钟铭十一

汝捍余于艱邺虔邺不易敢再拜稽首應受君公之

(12) 齐侯钟铭十二

九州處禹之都不顯諾虔勤勞其政事有

(13) 齐侯钟铭十三

俾若鐘鼓外内其皇祖皇妣皇母皇

案:古钟铭凡字多者,既书全文于大钟,更以编钟分书之,往往略见一斑,莫窥全豹。惟薛书齐镈洋洋大文,其散见于编钟者,既无所剥蚀,更获桓武灵公语,藉资考证。文字有灵,岂亦鬼神呵护于其间耶?虽原器不存,而阮刻、薛书确有依据。尝即存世宰辟父敦铭以校薛书,所录笔法正同,非独点画无讹而已,故知此齐镈铭,[为足]信也。钟铭共十三通,前文毕于前七枚,以下六枚碎砌文句以饰观，不复能属读矣。盖其钟渐小，字多难容，不克再书全文故也。

6. 齐癸姜敦

齊癸姜作尊敦其萬年子=孫永寶用享

右齐癸姜敦，出青州地中，器藏吴县潘氏。案：姜，齐姓也。曰“癸姜”者，据《左氏传》齐臣“卢蒲癸”为姜姓，如其后以“癸”为氏，则“癸姜”者，卢蒲癸之裔未可知也。

7. 景公尊

《酉阳杂俎》：曹嶷发景公墓，得二尊，形如牛、象。

8. 齐桓子孟姜钘

齊侯女靁為和其婚齊侯命大子吕〇〇御爾其躋受御齊侯拜嘉命美子用璧玉備紹于大舞紹折于大紹命用璧兩壺鼒于南宫子用璧二備玉紹鼓鐘一銉齊侯既躋洹子孟姜和其人民都邑勤黽舞用從爾大樂用鑄爾羞鋙用御天子之吏洹子孟姜用瓥命用祈眉壽萬年無疆用御爾事

右齐桓子孟姜钘铭。苏州吴氏藏器。案：此陈桓子既娶孟姜，述其事而作器也。

9. 陈猷釜

陳猷蒞事歲𦣞月戊寅於兹安陵分命左關平發敏成左關之釜節于釐釜敦旹曰陳純

陈猷釜铭。道光年间，胶州灵山卫出土，藏潍县陈氏。按：此釜陈成子之家量也。《史记·田敬仲世家》云：“田常复修釐子之政，以大斗出贷，以小斗收。齐人歌之曰：‘妪乎采芑，归乎田成子！’”此釜盖釐子之旧制，而成子仿为之，故铭云“节于釐釜”。“陈猷”名不见于《左传》《史记》，盖陈氏宗也。“于兹安陵分命左关平发敏成”者，安陵、左关，皆成子封内地名。成子割齐自安平以东至琅雅〈琊〉，自为封邑，大于太〈平〉公之所食。左关，海关也。灵山岛在海中，琅琊则今之灵山卫，即齐之左关矣。“敏成”，就事速也。言于此安陵铸釜，分置左关，命其平发、敏成，以惠民也。“敦眥曰陈纯”者，敦，迫也。眥，呼声，象气出口而成声也，迫促而声明之也。纯，一也，言此陈氏画一之量也。

10. 左关鋘

左關之鋘

左关鋘铭四字，器藏潍县陈氏，是灵山卫出土。此器似半匏而有流、文，十鋘所容不满一釜，亦陈氏之量也。

11. 齐侯敦

齊侯作飤敦其萬年永保用

右齐侯敦铭。案：《说文》“飤，粮也”。《玉篇》“飤，食也，与‘饲’同”。谓以食食人也。凡古敦铭，恒云“尊敦”“宝敦”，礼器也。此云“飤敦”，盖自食、食人，寻常用物耳。

12. 陈逆簠

惟王正月初吉丁亥少子陳逆曰余陳桓子之嫡孫余寅事齊侯懽而宗家擇乃吉金以作乃元配季姜之祥器鑄茲寶簠以享以養子大宗封桓封犬封于封母作龙永命眉壽萬年子=孫=兼保用

按：逆，字子行，陈氏宗也。迫胁成子，遂弑简公，事详《左传》。“桓”“犬”“于”“母”，皆地名。龙，逆之子也，为妻作祥器，因为子祈永命也。此器作于鲁哀公二十年，杜氏《长历》哀二十年正月丁亥朔，铭云“唯〈惟〉王正月初吉丁亥”，与杜氏合。时齐侯为平公骜五年。时田常方执大权，分割齐地，故逆亦自正封邑而名之。彝器也。

13. 齐陈曼簠

齊陳曼不敢逸康肇勤經德作皇考獻叔饙盤永保用簠

齐陈曼簠铭，器藏潍县陈氏。案：“陈曼”名不见于《左传》，盖田宗也。“饙”，《尔雅》训“馏饪”，孙炎注：“蒸之曰饙。”饙盘乃盛食物之盘也。篆体美丽，与陈猷釜为近。

14. 陈肪敦盖铭

維王五月元日丁亥昉曰余陳仲裔孫韰叔和子恭盟鬼神敬恭畏忌穀擇吉金作兹寶敦用追孝於皇○○

右陈肪敦盖铭，出土后归黄县丁氏。韰叔和，田和也；陈仲，陈敬仲也；肪，田和子，敬仲远孙也。此盖铭当与器铭相连，敦亡盖存，故文多残缺耳。

15. 陈侯午敦

惟十有三年陳侯午以羣諸侯獻金作皇妣孝大妃祭器鐏敦以蒸以嘗保有齊邦永葉○忘

翁祖庚说：案《史记·田敬仲世家》，齐侯太公和卒，子桓公午立，六年卒。《索隐》曰，梁惠王十三年，当桓公十八年，后威王始见，则桓公十九年而卒。以此铭考之，桓公实不止六年，《索隐》之言是也。所称“考太妃”即太公和之妃。

16. 陈侯因资敦

惟王六月癸未陳侯因資曰皇考孝武桓公恭載天慕克成其烈因

資揚皇考邵綽高祖勳庸枚郵桓文朝婚諸侯以揚乃德諸侯疉薦吉金用作孝武桓公祭器敦以蒸以嘗保有齊邦世萬子孫永為典常

翁祖庚说：案陈因资即齐威王，《史记》威王名“因齐”，而此作“因资”者，古“齐”“资”字通用。器藏潍县陈氏。

17. 周中士剑一　存西古城崔书文家。

18. 商父觚一　存王家庄王德原家。

其高一尺，腰细，上下口阔，纹理密致，棱乳嶙峋，不亚鼎彝。

19. 合箭壶一　存王家庄王德厚家。

其高经尺，下墩如铜鼓状，有茎矗立，中空。其端旁缀二小桶，系古贮合箭器。以上朱道周采访。

20. 存目

(1) 太师望鼎　见冯氏《金索》。

(2) 师望敦　见薛氏《款识》。

(3) 太公簠　见薛氏《款识》。

(4) 太公簋　见《博古图》。

(5) 太公豆　见《博古图》。

(6) 齐侯作孟姜鼎　见王氏《二十三家金文目》。

(7) 齐侯作孟姜敦　见王氏《二十三家金文目》。

(8) 齐侯盘　见薛氏《款识》。

(9) 齐侯作孟姜盘　见王氏《二十三家金文目》。

(10) 齐太宰盘　见王氏《二十三家金文目》。

(11) 齐侯匜　见薛氏《款识》。

(12) 齐侯良女匜　见吴氏《筠清馆金文》。

（13）孟姜匜　见《博古图》。

（14）齐侯作孟姜盂　见王氏《二十三家金文目》。

（15）齐城戈　见王氏《二十三家金文目》。

（16）临菑鼎　见王氏《二十三家金文目》。

（17）临菑令印　见《印丛》。

（18）临淄侯印　见冯氏《金索》。

（19）西安令印　见《集古官印考》。

21. 齐法货

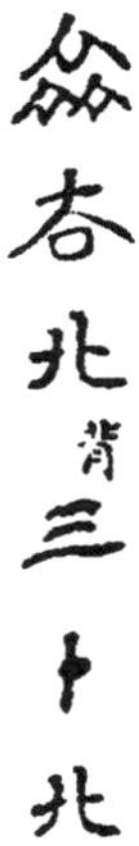

右三字齐刀，面文“齐法货”。背上有三横文，疑即“三”字；中“十”字；下“化”字。又有作“吉”“安”“生”“年”等字者，凡二十余种。“三十”，盖纪直也。宝货钱有四货、六货二种，列国尖足小布，轻薄如纸，往往有“八货”字，则齐刀或即直三十货欤？诸刀背文悉有“三十”字，惟即墨小刀无之。是以证《管子》春与民以币，秋则受其谷而权衡其轻重，《荀子》“厚刀［布］之敛以夺之财”，则知列国采金立币，不用以通商矣。

22. 齐之法货

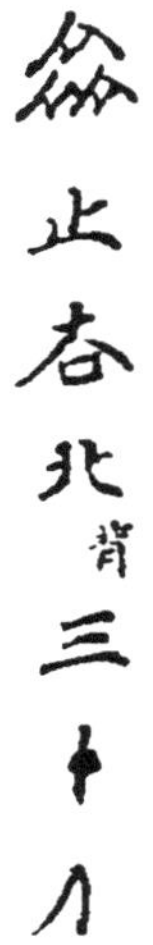

右四字齐刀，面文“齐之法货”，背文同三字刀。案：四字齐刀篆文纤利，与六字同，疑战国末所造也。

23. 齐返邦就法货

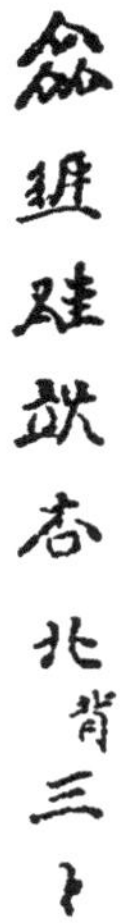

右齐六字刀，面文“齐返邦就法货”，背文“三十”字、“上”。“返邦”犹言返国。说见下。“就”，犹“造”，《史记》“萧何对帝曰：天下未定，故可以就宫室”是也。“返邦就法货”者，言世子法章自莒返国后所造之法货也。案：此刀或释“造邦”、或释“建邦”，云是齐开国时所铸。今案刀文“返邦就”三字，皆用籀文，字画纤细，颇近战国。若春秋之初，文字雄奇，与此固有别矣。初氏《所见录》释为“徙邦”，疑是齐胡公徙都薄姑时所铸。然“徒”〈徙〉字金文屡见，从止不从反也。今释为“返邦”。“返邦”者，恢复之为，盖襄王法章自莒返国所造。考乐毅伐齐，下七十余城，惟莒、即墨未下，卒之运奇制胜，遂复全齐。《国策》貂勃说齐王曰：安平君以惴惴即墨，三里之城，五里之郭，而反千里之齐。即此刀“返”字之切证也。汉人讳“邦”，“邦”字多改为“国”，《左氏传》“公子若返晋国”，《越绝书》“勾践反国”，或本作“返邦”，汉人追改为“国”欤？《古泉汇》释为“建邦”者，盖以“”字多一横之故，乃不知从又、从寸之字古多通用。《说文》“又”字、“寸”字皆以人手为训，寸部“时”、“将”字、“尊”字，古文从“又”。蒲反布“反”作，则又从[“寸”]。自襄王返国，传齐王建，历四十年而国亡，故此刀传世绝少。

24. 巧工司马印

赵明诚曰：近岁，临淄人耕地，得巧工司马印，不知何官。后见《西门豹祠殿基记》有“巧工司马张由”云云，乃知古固有此官也。

25. **古铜印一**　铜质瓦钮。藏西关袁氏家。

26. **铜印二**　铜质狮钮。藏北门谢氏家。

27. **铜印三**　铜质塔钮。藏北门谢氏家。

28. **铜印**　铜质圆形,刻一兽象。藏北门谢氏家。

29. **宣德炉二**　一存西关吴成安家,一存城里王三锡家。

30. **古鐎一**　王麟春家藏。

古鐎体圆而高。上口圆,周四寸五分。颈细,高六寸。腹阔,圆,周七寸。下有足,刻象鼻形。颈有两耳,作螭首形。通刻花纹,最工致,无镌字。

31. 古鼎一　藏王麟春家。

鼎铭文

古鼎长方形。上口侧面三寸七分，正面四寸八分。侧面上有两耳，高二寸。全鼎连足高五寸九分，四面镌刻花纹。上有铭文，小篆体，篆文如右。

二、(民国)《重修新城县志》26卷(民国二十二年铅印本)

卷次：卷二十二《金石志・历代金》

1. 商祖己爵

铭三字：

祖己丁

薛氏《款识》云：按商之君，有“雍己”而无“祖己”，以见其孙之所作也。

《积古款识》云：祖己爵，铭二字。

按：薛《款识》、《积古款识》所录铭曰“祖己”，无“丁”字，与此显有不同。今按薛《款识》释父戊丁爵文云:“戊”谓太戊也,“丁”则纪其日耳。先王之时,外事用刚日,内事用柔日。所谓刚日,甲丙戊庚壬是也;所谓柔日,乙丁己辛癸是也。宗庙之祀,内事也,此所以用丁日欤?右铭“祖己丁”,三字可依此例释之。邑人王氏止适斋藏。

2. 周中鼎

铭十字,在器内,文曰:

中作寶尊彝其萬年永用

按:右器无盖,通重十二斤半,连耳足通高一尺一寸零,口径约一尺余。未详所出,但以花纹锈片考之,确为周器。因铭文首“中”字,当是某仲所作器,姑以名之。器为张□□□□旧藏,今归止适斋。

3. 周仲驹父尊

铭十七字,在盖内,四行,行四字或六字,由左读,文曰:

彔旁仲駒父作仲姜敦子=孫=寶用享孝

《博古图录》云:《左传》有“驹伯”,为郤克军佐。《功臣表》有“骐侯驹幾”,则驹其姓也。齐景公子驹奔卫,则“驹”其名也。岂非公子驹以伯仲而曰“仲驹父”耶?仲姜者,盖仲驹父之母或祖母也。

按:古人同姓不婚,仲驹父既为齐公子矣,岂有其母或祖母而姜姓者?此说殆不足据。

《积古斋款识》云:仲驹父敦为东昌张太守官五所藏。元向在京师市肆,亦见一器有此文。此文固习见,然左行者绝少也。“旁”通“防”,又通“房”。“录旁”,盖邑名。

《山左金右志》云：此敦方式，通重十四斤，连盖通高一尺一寸七分，盖连顶通高三寸一分半，顶高七分零，身高九寸一分零，上口横宽四寸一分零，腹宽六寸三分半，底宽五寸二分零。铭在盖内及上口，文从左向右读。

按：右铭文，薛氏《款识》及《博古图录》均有三器，大约铭在盖者皆反文左读，在器内者皆正读。《金石萃编》《济南金石志》皆著录，大致相同。又按：《西清古鉴》有仲驹父敦，更有仲驹父尊，亦同此铭。《山左金石志》云，此敦方式，重量、高广悉与此器同。惟口内无铭，为稍异耳。郑氏康成云：敦、瑚琏、簠，皆黍稷之器。今按：此器高深，断不适于黍稷之用。疑当时因铭文有"作敦"字样，遂据以著录，其实则是尊，而非敦也。兹据《西清古鉴》以今名著录。止适斋藏器。

4. 周夔纹簠

铭十字，在器内，纤细不可辨识。

按：夔纹簠各书著录甚多，有铭者少。右器无盖，铭文纤细如发，又为铜绿所掩，不可辨识。以锈纹考之，则周器也。

5. 周孟姜敦

底、盖对铭，共五十六字，文曰：

叔孫父作孟姜尊敦綰綽眉壽永命彌久生萬年無疆子=孫永寶用享

薛氏《款识》云：叔孙氏出于桓公之后。又，曰"父"者，尊之也。曰"作孟姜尊敦"，"姜"，齐姓也，齐、鲁婚姻之国。"孟"则长矣，以别于仲、季之称，与《诗》所谓"孟姜"同意。

《山左金石志》云：右敦重七斤，通高四寸四分。东昌章司马云门得于济南。惜器内铭词铜绿厚结，摩拓不能分明。“作”下似是“孟姜”两字，然不敢定。至“绾绰眉寿”四字，则甚晰，姑以此识之。

按：右敦通重十五斤零，通高约九寸半，口径约五寸，腹径九寸余。底盖对铭，尚易辨识，文与薛氏《款识》同，至《山左金石志》所识“绾绰眉寿”，敦则铭同器异矣。止适斋所藏。

第五章　枣庄市古方志载青铜器资料辑录(53条)

一、(宣统)《滕县续志稿》4卷(清宣统三年铅印本)

(一) 卷次:卷四《艺文志·金石·商》

1. **祖己甗**　文曰:“作祖己尊彝。癸。”见薛氏《钟鼎彝器款识》。按:《古玉图谱》有玉祖己甗。

2. **祖己彝**　文曰:“作祖己尊彝”。见阮氏《积古斋钟鼎彝器款试〈识〉》。

3. **祖己爵**　文曰:“祖己。”见阮氏《积古斋钟鼎彝器款识》。

4. **己举彝**　为桑村李兴德家所藏。器高汉尺五寸一分,口径五寸,通两耳〈两耳,通〉阔八寸八分。铭“己举”二字在其腹。考商爵,往往有“己举”“癸举”“主人举”,鼎彝亦通用之。此器滈古可珍,实属商器。

(二) 卷次:卷四《艺文志·金石·周》

1. **滕侯簋盖**　见王氏《二十三家金文目》。

2. **螭流盉**　为大坞张氏所藏。器有流有鋬，无足，无铭，盖连环系于鋬。高今裁尺六寸二分，通阔一尺八寸，遍体皆金银错，重今权四斤十两。与《博古图》所载周龙首盉、云雷盉相似，真周器也。

3. **季氏吕鼎**　为城内徐缙文家所藏。未详。

4. **盥匜**　器有流有鋬，四足，通长汉尺一尺二寸五分，连足高五寸五分，重今秤三斤十两。铭曰："鲁伯服父作奉姬年塍盥匜，其永宝用。"与周义母皇父等匜相似。铜质，青白翠绿相错。道光庚寅，滕人于凤凰岭之涧沟中得之。圣庙百户刘超元购去，转赠崇川冯云鹏。云鹏收入《金石索》，云：此鲁伯服所作，以奉姬年塍盥手匜也。考《国语》，晋公子重耳过秦，穆公归女五人，怀嬴与焉。公子使奉匜沃盥，既而挥之。韦昭以为嫡入于室，塍御奉匜是也。古者尊不就洗，侍御捧匜盥手，弃水于盘。此器方容二手，可想其制与卮匜酒器不同。

5. **因由**　是物，薛故城中有之，俗呼"因由"。其铜质，色赤，与《钱谱》蚁鼻钱相似，因疑为钱，姑存以备考。

6. **戈**　为城内杨知性家所藏。器重今权十两，内长周尺四寸，胡六寸，援八寸。考之《博古图》，周器无疑。

(三) 卷次：卷四《艺文志·金石·秦》

1. **秦虎符**　潍县李氏得于滕县。见《山东通志》。

2. **秦量铭**　黄县丁氏得于滕县。见《山东通志》。

(四) 卷次：卷四《艺文志·金石·前后汉》

1. **薛令之印** 文曰："薛令之印。"器藏潍县陈氏。见《山东通志》。按：《汉书·地志》，鲁国，故秦薛郡，高后元年为鲁国，属豫州，有薛县。又《汉书·百官志公卿表》：县令，秦官，掌治其县，万户侯①以上为令。秩二千石至六百石。

2. **蕃令之印** 文曰："蕃令之印。"见《印丛》。

3. **合乡令印** 文曰："合乡令印。"见《齐鲁古印捃》。

二、(民国)《续滕县志》5 卷(民国三十年刻本)

卷次：卷五《金石》

1. 周鲁伯愈父簠一　铭十二字

魯白伯俞愈父
乍作姬𤔲匿簠
其萬年眉
壽永寶用

---

① "侯"为衍文。

清道光十年,城东北八十里凤凰岭沟涧中出。鲁伯愈父诸器,所见簠三、鬲五、盘三、匜一。

2. 周鲁伯愈父簠二 铭十二字

(铭文)同前。

3. 周鲁伯愈父簠三 铭十二字

(铭文)同前。

4. 周鲁伯愈父鬲一　铭十五字

余三器,铭同,未录。

5. 周鲁伯愈父鬲二　铭十四字

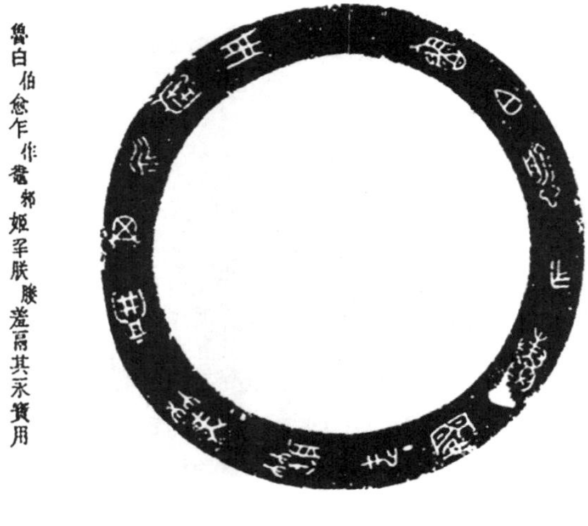

视前器铭,无“父”字。

6. 周鲁伯愈父盘一　铭十五字

7. 周鲁伯愈父盘二　铭十五字

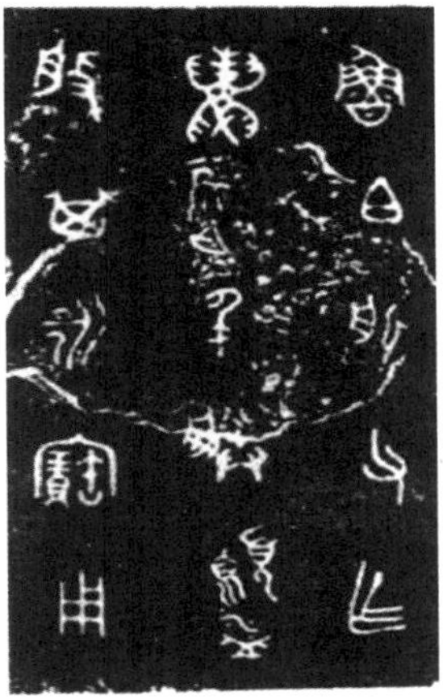

(铭文)同前。

“愈”作“俞”,与前器少异。余一器见于《捃古录》,以未见拓本,未录。天津王襄云与殷契字略同,即古“沬”字。《说

文解字》："沬，洒面也。"此字正象注水于盘、濡首之形。𡚬，象人也。

8. 周鲁伯愈父匜　铭十五字

魯白伯愈父乍作
鼄邾姬孚朕媵沬
它匜其永寶用

9. 安上村出土古器图

京叔盘　孟弢父簋盖　孟弢父簋　寺伯鬲　孟弢父簋　寺伯鬲　邾義伯鼎　寺伯鬲　孟弢父作幻伯簋　寺伯鬲　孟弢父作幻伯簋　孟弢父作幻伯簋盖　孟嬴匜

民国二十二年春，城东南三十五里，安上村农掘地得古彝器十四事，计：鼎二、鬲四、簋四、盘一、匜一，均有铭；壶一、罍一，均无铭。除一簋盖为高延柳所得外，余均藏山东省立图书馆。

10. 周邾义伯鼎一 铭二十二字

鼄 邾 義 白 伯 乍 作 口
二 嬴 尊 鼎 其 萬
年 眉 壽 無 彊 疆
子 二 孫 二 永 寶 用

11. 周邾义伯鼎二 铭二十二字

(铭文)同前。

12. 周寺伯鬲一　铭八字

寺白伯乍作口中仲姬羞鬲

13. 周寺伯鬲二　铭八字

（铭文）同前。

14. 周寺伯鬲三　铭八字

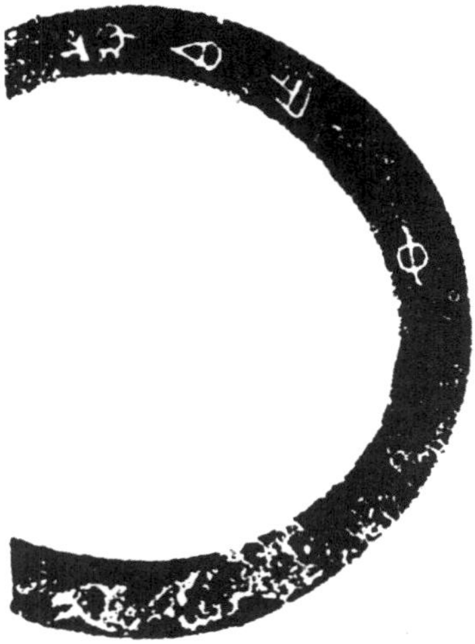

(铭文)同前。

余一器,铭泐,未录。

15. 周孟弢父作幻伯簋一　铭盖器各二十字

蓋

孟弢父乍作幻白伯

口賸媵𣪘簋八其萬

年子二孫二永寶用

“周孟弢父作幻伯簋二”下文字

器

（铭文）同前。

容庚云：“𣪘”字，宋人释为“敦”，然《仪礼》所载敦之数不过四。至于“八簋”，则《诗》《礼》屡言之，如《诗·伐木》“陈馈八簋”、《礼记·明堂位》“周之八簋”、《祭统》“八簋之实”、《仪礼·聘礼》“八簋继之”、《公食大夫礼》“上大夫八簋”是也。此器亦云“𣪘八”，可证“𣪘”之为“簋”。

16. 周孟弢父作幻伯簋二　铭盖器各十八字

此盖邑人高延柳所藏。

器

(铭文)同前。

17. 周孟弢父簋一 盖铭泐,器铭十六字

器

孟弢父作作寶

毁簋其萬年

子二孫二永寶用

18. 周孟弢父簋二　铭盖器各十六字

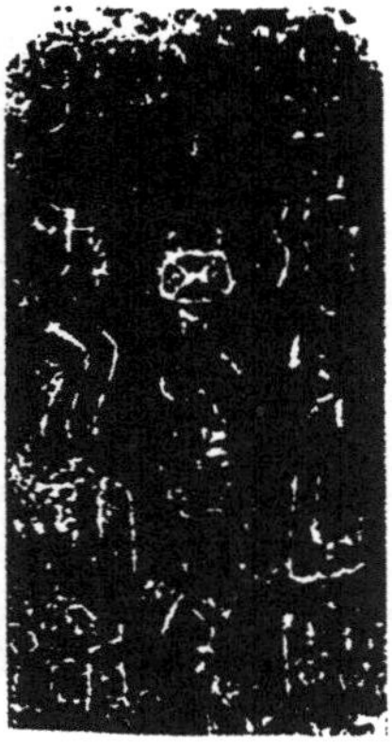

盖　　　　器

（铭文）同前。　（铭文）同前。

19. 周京叔盘　铭十四字

京叔乍作孟
嬴媵媵般盤子二
孫二永寶用

20. 周京叔匜　铭约十二字

京叔口口
乍作盂嬴口賸
它匜永寶用

21. 周夆叔盘　铭三十六字

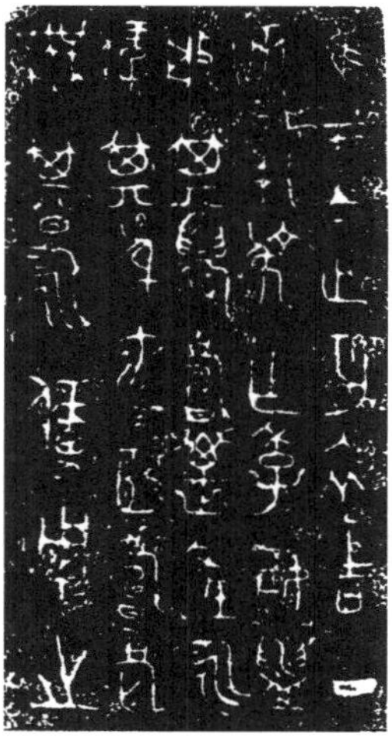

佳唯王正月初吉丁
亥夆弔叔乍作季妃盥
般盤其眉壽萬年永
僳保其身它二配二壽老
無朞期永僳保用之

22. 周夆叔匜　铭三十六字

（铭文）同前。

民国初年，夆叔三器同出于邑中，上为匜，中为敦，下承以盘。敦无铭，匜铭亦称为盘，其形制匜。敦二器，见于容庚《善斋彝器图录》；盘一器，见于罗振玉《贞松堂吉金图》。

23. 周薛侯鼎　铭九字

胖薛侯戚乍作

父乙鼎彝史

王国维云：“”字旧释为“胥”，余谓此薛国之本字也。其字

所从之"㐅"，即《说文》"亐"字，其音古读如"辥"。此字从月，亐声，与薛字"从艸辥声"同，而膀侯匜言"膀侯作□妊□媵匜"，则膀为任姓之国。其为滕薛之"薛"审矣。

24. 周薛侯盘　铭二十字

膀薛侯乍作叔妊口
朕媵般盤其眉
壽萬年子二
孫二永寶用

25. 周薛侯匜　铭二十字

膀薛侯乍作叔妊口
朕媵它匜其眉
壽萬年子二
孫二永寶用

铭文由左至右，“年”字添注于“子”字之左。

26. 周滕虎簋一　铭盖器各十四字

蓋

朕滕虎敢肇乍作
乎厥皇考公命
中仲寶尊彝

盖铭由右而左，器铭由左而右。

器

（铭文）同前。

王国维云：经典“滕薛”皆作“滕”，从水，朕声。此从火，朕声，即“滕薛”之“滕”字也。《礼记·檀弓上》：“滕伯文为孟虎齐衰，其叔父也；为孟皮齐衰，其叔父也。”然则虎为滕伯文叔父，其父本是滕君。此毁之“滕虎”，即《檀弓》之“滕孟虎”之证，亦“滕”即“滕”字之证也。郑注《檀弓》，以伯文为殷时滕君，今观此毁文字，乃周中叶以后物，然则此毁不独存“滕薛”之本字，亦有裨于经训矣。

27. 周滕虎簋二　铭盖器各十四字

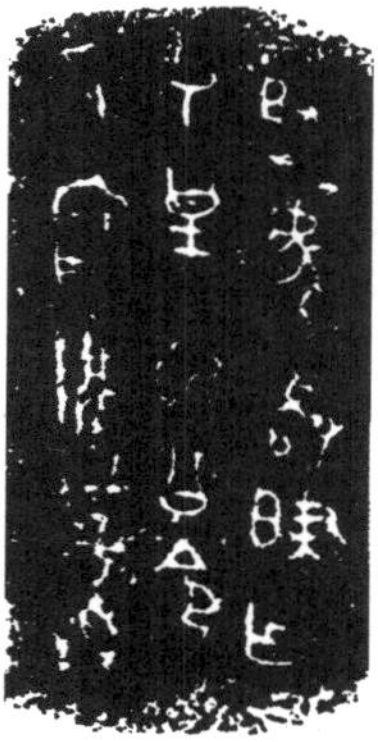
盖

(铭文)同前。

器

(铭文)同前。

28. 周滕侯盨盖　铭二十字

滕(滕)侯穌作(作)氒(厥)文
考滕(滕)中(仲)旅毁(簋)其
子二孫萬年永寶用

案：此乃盨盖而铭云“簋”，以其用略相同也。

29. 周滕侯耆戈一　铭五字

30. 周滕侯耆戈二　铭五字

(铭文)同前。

山西崞县梁上椿藏。

31. 周滕侯昃戈　铭六字

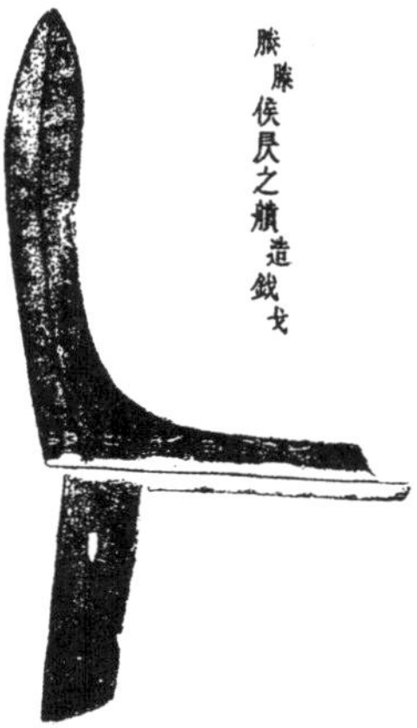

罗振玉云：此戟文曰“滕侯昃之造戟”，与滕侯耆戈并出山左。滕侯昃与耆之名，赖此知之。

32. 周滕之不恖剑　铭六字

33. 周邾友父鬲　铭十六字

鼄邾畣友父朕媵其子口娷寶鬲其眉壽永寶用

吴式芬《捃古录金文》云：案，友父，小邾子始封君也，本名友，称“友父”，即字矣。此如周公旦称“叔旦”，鲁公伯禽称“禽父”例也。出邾挟之后。夷父有功于周，周封其子友于郳，为附庸，即友父也。《春秋》庄五年“郳犁来来朝”，则书国矣，僖七年“小邾子来朝”，则书爵矣，皆友父后。此鬲铭只作“邾友父”者，于时尚未受封也。“友”字与太史友甗“友”字同。“媵其子□娷宝鬲”者，其子即其女也。《礼经》称“女子子”是矣。“□娷”，盖其子之字也。

许瀚云：此器是邾国媵女器也。《礼》：女亦称子。娷则其子之名。《集韵》：娷，女字也。惜“娷”上字剥蚀过半，不可识耳。近新泰出杞伯器多种，其敦铭曰：“杞伯每𠤎作邾娷宝敦。”其壶铭曰：“杞伯每𠤎作邾娷宝壶。”《筠清馆金石录》载壶铭，而误释为豆，又以“娷”为邾君名，云杞作器以遗邻国。余审其非是，定为邾女适杞，字“娷”，故杞为作器。今得此铭，乃恰与鄙说相证明，且以知娷之父字友。金石、古文千载而下,忽如相聚一堂,询其家世姓字,历历不爽,幸何如也。字画与杞伯器略同,盖两家婚媾,书牄并出一手,未可知也。邾自仪父克,始见于《春秋》,终八世无字“友”者,而杞自桓公而下,亦无“每比”名。《汉书·地理志》“雍丘”注云:“故杞国也。先春秋时徙鲁东北。”新泰正在鲁东北,然则此两国造器在春秋前矣。

34. 周兒始鬲　铭八字

郳始口母鑄其羞鬲

吴式芬《捃古录金文》云:案,《春秋》庄五年“兒犂来来朝”,杜注“附庸国也。东海昌虑县东北有兒城”。今案:晋昌虑城在滕县东南六十里,兒城在县东六里。小邾子之国。邾友分封为附庸,后进爵为子也。“始”字不见于字书,盖女姓也。此兒始是兒国之妇,故称兒始也。为母铸鬲,如厖姞之为父母作敦之类。妇女作器,其文字恒简,《礼》所谓无外事也。

35. 蚁鼻钱

邑治南薛城出蚁鼻钱，即铜制之古贝，上有文字难识，多为古肆估人搜去。此为邑人杨知性所藏。

36. 汉蕃令之印

蕃县，汉置，后魏于县置蕃郡，北齐郡县俱废，隋于此置滕县，即今邑治。印见于汪启淑《汉铜印丛》，今藏胶西柯君昌泗家。

37. 汉合乡令印

合乡县,汉置,后汉作合城,晋仍曰合乡,北齐废。故城在今邑治东二十三里。印见于高庆龄《齐鲁古印捃》。

38. 汉薛令之印

薛县,古奚仲所封之国,战国时齐封田婴于此,秦置薛县,北齐废。故城在今邑治东南四十四里。

第六章　东营市古方志载青铜器资料辑录(4条)

一、(民国)《乐安县志》13卷(民国七年石印本)

卷次：卷二《古迹志·金石》

1. 秦权

存城南后贾庄周怀荣家。权长方形，以建初尺计之，长三寸二分弱，宽三寸五分强，厚二分强。重库秤五两九钱八分。背有纽，高五分强。纽外作云龙纹。面刻二世元年诏，共六十字，为十行："元年制诏丞相斯"七字一行，"去疾法度量尽"六字一行，"始皇帝为之皆有"七字一行，"刻辞焉今袭号"六字一行，"而刻辞不称"五字一行，"始皇帝其于久远"七字一行，"也如后嗣为之者"七字一行，"不称成功盛德"六字一行，"刻此诏故刻左"六字一行，"使毋疑"三字一行。

按：权，秤锤也。《汉志》云：权者，铢、两、斤、钧、石也。五权之制，以义立之，以物钧之，其余大小之差，以轻重为宜。诏中"斯"，李斯；"去疾"，冯去疾也。严氏旧有拓本，藏江郑堂。阮文达元曾据之摹入《钟鼎彝器款识》中。前尚有始皇二十六年诏四十字，此权无。行数相符，而行之字数不同。拓本每行六字，且称始皇处皆未抬，此刻于始皇帝皆抬。以秦量刻辞证之，似抬写为是。阮氏又云：此器未见，不能详其形制。今详记之。

2. 秦量刻辞

所在地同前。诏辞刻铜片上，作瓦形，四隅有孔，仅前截。以建初尺计之，长四寸四分，宽二寸九分强，厚一分强。刻始皇二十六年诏，共四十字，为六行："廿六年皇帝尽并"七字一行，"兼天下诸侯黔首"七字一行，"大安立号为皇帝"七字一行，"乃诏丞相状绾"六字一行，"法度量则不壹"六字一行，"歉疑者皆明壹之"七字一行。

按：量未悉何形，以刻辞证之，似如釜，诏辞铜片丽其上。权为阳文，量为阴文。玩《积古斋钟鼎款识》中所载亦如此，惜权量皆非完全也。

二、(民国)《续修广饶县志》28卷(民国二十四年铅印本)

卷次：卷二十五《艺文志·金石考证三·秦》

1. 权铭

右权存城南后贾庄周怀荣家。权作长方形，以建初尺计之，长三寸二分弱，宽三寸五分强，厚二分强。重库秤五两九钱八分。背有纽，高五分强。纽外作云龙纹。面刻二世元年诏，共六十字，为十行："元年制诏丞相斯"七字一行，"去疾法度量尽"六字一行，"始皇帝为之皆有"七字一行，"刻辞焉今袭号"六字一行，"而刻辞不称”五字一行,“始皇帝其于久远”七字一行,“也如后嗣为之者”七字一行,“不称成功盛德”六字一行,“刻此诏故刻左”六字一行,“使毋疑”三字一行。

按:诏中“斯”,李斯;“去疾”,冯去疾也。严氏旧有拓本,藏江郑堂,清阮元曾据之摹入《钟鼎彝器款识》中。前尚有始皇二十六年诏四十字,此权无之。行数相符,而行之字数不同。拓本每行六字,且称始皇处皆未抬写,此刻于始皇帝皆抬。以秦量刻辞证之,似抬写者为是。又据冯晏海《金石索》,此刻辞当为权铭之二。

2. 量铭

右量所在地同前。诏辞刻铜片上,作瓦形,四隅有孔,仅存前截。以建初尺计之,长四寸四分,宽二寸九分强,厚一分强。刻始皇二十六年诏,共四十字,为六行:“廿六年皇帝尽并”七字一行,“兼天下诸侯黔首”七字一行,“大安立号为皇帝”七字一行,“乃诏丞相状绾”六字一行,“法度量则不壹”六字一行,“歉疑者皆明壹之”七字一行。

按:上列刻辞,《金石索》释为权铭之一,民初《志》则谓确系秦量刻辞。今据收藏家周怀荣称,现将是刻加以装潢,闻考据家言,量为鼓形,诏辞铜片钉于量之里面腰际,四隅孔乃加钉处;权刻系阳文,量刻系阴文。玩《积古斋钟鼎款识》中所载,亦然。上二物,民国十一年送北京全国展览会,经评定,给予一等奖章奖证。

第七章　烟台市古方志载青铜器资料辑录(11 条)

一、(光绪)《增修登州府志》69 卷(清光绪七年刻本)

卷次：卷之六十五《金石》

周□□伯高甗铭　出蓬莱城南八十里郝家村，今藏张氏。

□氏白高父作煮甗其萬年子=孫=永寶用①

右铭十七字，不能得其自始。唯出于府地，遂以著录，亦如选举寄籍例也。其得之他处而为居人葆藏者，乃传舍过客耳，不在此列矣。

莱阳尝有得古器于土中者，铭文有“帝商辛之盘”等字，今未见拓本，故不著录，而附识于此。

二、(民国)《福山县志稿》10 卷(民国二十年铅印本)

(一) 卷次：卷六之二《艺文志第六 · 金石 · 金石存目 · 周》

1. 齐四字化

出县城外。

---

①　体例见《临淄县志》体例说明。

2. 齐三字化

出山儿汪家村。

3. 酱和连关玺

现存王氏。

（二）卷次：卷六之二《艺文志第六·金石·金石存目·秦》

1. 半两钱文

出古城。

2. 两畠钱文

出河北村。

（三）卷次：卷六之二《艺文志第六·金石·金石存目·汉》

1. 半两钱

出古城沟。

2. 五铢钱

出河北村。

3. 育黎右尉印

现存闽县陈氏。

三、(民国)《莱阳县志》3卷(民国二十四年铅印本)

卷次：卷三《人事志三·艺文·金石》

1. 汉洗

洗铜质，形圆若钵，三足，高一寸六分，口径四寸，重十两余。

内镌双龙，龙间为“天凤元年”四字，外为麟凤龟龙，惟龙凤可辨。底为双鱼，鱼间为“富贵长宜子孙”六字，字作小篆，殊古朴。

右为冯家疃冯姓所藏，清光绪间于挺城古墟得之。又铜皿一具，有盖无足，遍体作花纹。高一寸一分，口径一寸八分。盖内镌字模糊莫辨，底内为细鳞双鱼，外镌“重一两十四铢”六字，字作大篆，亦同时所得。而土人于其间复往往发现铜质龟纽钤印，惟字迹销蚀，当皆汉故物也。

四、(民国)《牟平县志》10卷(民国二十五年铅印本)

卷次：卷九《文献志三·金石·古物》

1. 铜剑

此剑于民国二十年，发现于大虎栏，系村民掘地所得。剑把直径市尺四分余，厚六分，剑身厚三分，剑锋厚半分余，上宽一寸一分，下宽五分，长一尺一寸五分，重半斤余。得者不知爱惜，剑把已打去。现藏七区大虎栏村姜维新家。

又大虎栏之西山，及石子岘之西北山，不时由土中发现古代之铜箭头，岔河亦获铜戟头一，想系铜器时代，曾在此处交战。

第八章　潍坊市古方志载青铜器资料辑录(91条)

一、(嘉靖)《青州府志》18卷(明嘉靖四十四年刻本)[①]

卷次：卷十八《遗文·词章铭箴颂赞》

1. 齐侯镈钟铭

惟王五月辰在戊寅師于淄陲公曰汝及余經乃先祖余既敷乃心汝忠媿忌汝不墜夙夜官執而政事余弘厭乃心余命汝政于朕三軍綴成朕師旟之政聽諫罰朕庶民左右毋諱及不敢弗敬戒虔邺故死事穆和三軍徒衕粤故行師慎中故罰公曰及汝敬恭辭命汝應格公家汝恐恪朕行師汝肇敏于戎攻余錫汝釐都朏爵其縣二百余命汝司辭釐造國徒三十爲汝敵寮及敢用拜稽首弗敢不對揚朕辟皇君之錫休命公曰及汝康能乃有事率乃敵寮余用登純厚乃命汝及毋曰余小子汝敷余于艱邺虔邺不易左右余一人余命汝緘差饗爲大事繼余于外内之事中敷温刑汝以敷成公家應邺余于温邺汝以邺于朕身余錫汝車馬

① 本节所辑录的方志中铜器铭文释文，并未按照铭文原有行款排布。这涉及方志编纂者对于青铜器铭文的理解和认识，对于读者来说可能有参考价值。鉴于此，本章中铜器铭文也采用和本书行款一致的做法，而用繁体字显示，以保持其隶定信息。

戎兵驁僕二百有五十家汝以戒戎作及用或敢再拜稽首應受君公之錫光余弗敢廢乃命及典其先舊及其高祖虩虩成唐又敢在帝所敷受天命刻伐履同貫乃靈師保小臣惟輔咸有九州處禹之都不顯穆公之孫其配夔公之妃而餓公之女粤生叔及是辟于齊侯之所是小心龔齊靈力若虎謹恪其政事有恭于公所觳擇吉金鈇鎬鏻鋁用作鑄其寶鎛用享于其皇祖皇妣皇母皇考用祈眉壽令命難老不顯皇祖其作福元孫其萬福純魯和協而有事俾若鐘鼓外内開闢都俞俞造而朋剿毋或承纇汝考壽萬年永保其身俾百斯男而埶斯字綴義政齊侯左右毋央毋已至于葉曰武靈成子孫永保用享

右铭文有曰"师于淄陲"。按：太公吕望，周封于爽鸠之墟、营丘之地，是为齐郡，今临淄是也。曰"命汝政于朕三军缀成朕师旟之政"，则申以告戒之辞也。曰"咸有九州"，则齐之封域有所谓临淄、东莱、北海、高密、胶东、泰山、乐安、济南、平原，盖九州也。曰"处禹之都"者，齐四岳之后，四岳佐禹有功，封于申吕，故言处禹之都也。曰"不显穆公之孙其配嫩（恐是"夔"字，公之妣，字书无，从出；恐是"妃"字，音乏，女好貌。）而餓公之女"者，盖古之彝器不独铭其功业，而又及其配偶之事，是犹《诗》言"齐侯之子""卫侯之妻""东宫之妹""邢侯之姨"，皆纪其当时婚姻异姓之国也。曰"觳择吉金用作铸其宝铸〈镈〉"者，《字说》以谓厚，以厂〈厚〉物为大薄〈镈〉，以薄物为小镈，以薄训小故也。《国语》曰：细钧有钟无镈，尚大故也。大钧有镈无钟，尚细故也。以此推之，则镈钟比镛钟为小，比编钟为大。今此钟铭曰镈，考其形制，乃大于编钟。盖春秋之时，礼乐征伐自诸侯出，而等威制度无复先王之法，而妄自夸大耳。以《周官》制器，则首言钟师，而以镈师为之次，是其自异。而此制器之时，盖齐之中世，其实周钟也。详其铭文，受锡者三：一曰锡汝釐都，其县二百，国徒三千；一曰锡汝车马、戎兵、釐仆二百有五十家；三曰锡乃吉金、铁镐、女镠、鍷铅，用作铸其宝铸〈镈〉。齐以勋庸显著，其锡如此，其铭长久如此。此藏氏所谓作彝器、铭功烈，以示子孙，以昭明德也。齐之中世，桓公之业替焉，文字之传尚复粲然可观。若此，"周监于二代，郁郁乎文哉"，信矣。钱塘薛尚功识。

2. 齐侯钟一

惟王三月辰在戊寅師于淄陲公曰汝及余經乃先祖余既敷乃心汝忠媿忌汝不墜夙夜官執而政事余引厭乃心余命汝政於朕三軍綴成朕師旟之政聽諫罰朕庶民左右毋諱及不敢弗敬戒虔邺故死事穆和三

3. 齐侯钟二

軍徒衡粤故行師慎中乃罰公曰及汝敬恭辭命汝應格公家汝恐恪朕行師汝肇敏于戎攻余錫汝釐都胤爵其縣二百余命汝司辭釐造國徒三千爲汝敵寮及敢用拜稽首弗敢不對揚朕辟皇君之

4. 齐侯钟三

錫休命公曰及汝康能乃有事率乃敵寮余用登純厚乃命汝及母曰余小子汝敷余干艱邺虔邺不易左右余一人余命汝緘差正譽繼命于外内之事中敷温刑以敷成公家應邺余于

5. 齐侯钟四

温邺汝以邺余朕身余錫汝馬車戎兵釐僕二百有三十家汝以戒戎作及用或敢再拜稽首應受君公之錫光余弗敢廢乃命及典其先舊及其高祖虩虩成唐又敢在帝所敷受天

6. 齐侯钟五

命刻伐履司敗乃靈師佀小臣惟輔咸有九州處禹之都不顯穆公之孫其配夔公之妋而鍼公之女粤生叔及是辟于齊侯之所是以小心龔齊靈力若虎謹恪其政事有恭于桓武靈公之所桓武靈公錫及吉金

7. 齐侯钟六

鐵鎬玄鏐鏼鋁及用作鑄其寶鐘用享于其皇祖皇妣皇母皇考用祈眉壽令命難老不顯皇祖其作福元孫其萬福純魯和協而九事俾若鐘鼓外内開闢都都俞俞造而朋剿毋或承類

8. 齐侯钟七

汝考壽萬年永保其身俾百斯男而執斯字綴綴義政齊侯左右毋央毋已至于葉曰武靈成子孫永保用享

9. 齐侯钟八

斯男而執斯字綴綴義政齊侯左右母公之孫其配夔公之妋而鍼公之女

10. 齐侯钟九

政聽諫罰朕庶民左右毋諱及不敢

11. 齐侯钟十

執而政事余弘厭乃心余敏于戎攻余錫汝釐都胤

12. 齐侯钟十一

汝敷余于艱䘏虔䘏不易敢再拜稽首應受君公之

13. 齐侯钟十二

九州處禹之堵不顯若虎謹恪其政事有

14. 齐侯钟十三

俾若鐘鼓外内其皇祖皇妣皇母皇

右钟铭凡十有三，乃齐侯钟铭分以铭之，其文辞比齐侯镈钟铭，亦有详略不同者。《博古录》云是钟齐物也。齐自太公望得国，而周天子使召康公命之曰：五侯九伯，汝实征之，以夹辅王室。东至于海，西至于河，南至于穆陵，北至于无隶，皆得而正〈征〉之。故自太公流泽之久，迄于桓公，凡兵车之会三，乘车之会六，而终以霸焉。是器必首称于桓公者，其以此也。至于言封域之出处、世次之先后、锡赉之多寡，此不复论，盖已具于齐侯镈钟矣。钱塘薛尚功识。

二、(康熙)《青州府志》20卷(清康熙十二年刻本)

卷次：卷十八《遗文一·铭箴赞颂》

1. 齐侯镈钟铭

与嘉靖《青州府志》(明嘉靖四十四年刻本)所录全同。

2—14. 齐侯钟一至十三

与嘉靖《青州府志》(明嘉靖四十四年刻本)所录全同。

三、(康熙)《青州府志》22卷(清康熙六十年刻本)

卷次：卷二十二《艺文》

1. 齐侯镈钟铭

与嘉靖《青州府志》(明嘉靖四十四年刻本)所录全同。

2—14. 齐侯钟一至十三

与嘉靖《青州府志》(明嘉靖四十四年刻本)所录全同。

四、(光绪)《增修诸城县续志》22卷(清光绪十八年刻本)

卷次:卷四《金石考》

1. 汉平昌侯相印

铜印龟钮,文曰"平昌侯相"。出城西北四十里城阳村。考《汉志》,平昌属徐州琅邪郡。《水经注·地形志》平昌即龙台也,《齐乘》谓平昌故城在安邱县南八〈六〉十里,亦谓之城阳城。今之村或古之城欤?《史记·齐悼惠王世家》齐中尉魏勃将兵围相府,邵平自杀,于是齐王以驷钧为相。后孝文帝尽封齐悼惠王子为列侯。《年表》载孝文四年五月甲寅,封齐悼惠王子印为平昌侯。《汉[书]·何武传》武为御史大夫,奏言:往者诸侯王断狱治政,内史典狱,相总纲纪。今内史位卑而权重,难以为治,臣请相如太守,内史如都尉。若是,则王侯皆有相。此印既得自城阳村,北至安邱八十里,去龙台甚近,与《水经注》合,足征《齐乘》分而为二之误。其为刘印之相无疑,惜不传其姓字耳。

2. 汉石洛家丞印

铜印瓦钮,文曰"石洛家丞"四字。《续汉志》家臣置家丞、庶子各一人,主侍侯,使理家事,食邑不满千户不置家丞。此印出城南皇华店岭,其为石洛侯之家丞无疑。

3. 汉东武亭侯印

铜印,文曰"东武亭侯"四字。《汉志》秦制十里一亭,一亭一乡。列侯所食县曰国,凡国千五百八十七,乡六千六百二十二亭①。盖大

① "亭"应属下。《汉书·百官公卿表第七上》:"亭二万九千百三十五。"

县侯，位视三公，小县视上卿，乡亭视二千石，则是亭侯秩比二千石。案《汉表》，东武侯郭蒙定三秦，破项籍，侯三千户。此亭侯应在其属下。见冯氏《金石索》。

4. 汉昌县马丞印

铜印瓦钮，文曰“昌县马丞印”。考汉高帝八年封旅卿为昌侯，元鼎元年又封城阳顷王子差为昌侯。昌属琅邪郡，其故址在今城东北三十里昌城社。汉承秦法，县令、长皆有丞、尉，马丞虽不见《汉志》，当如今驿丞之属。《续汉志》无昌县，应为西汉物也。

5. 古镜[①]

嘉庆丙辰八月三日，淫雨后，城北三里庄土崖崩，露出古镜一具。面多朱斑，背多活碧，体圆，四围作凸凹形，度以周尺，广经七寸有奇，厚二分微杀。背之右方铸楷书二行，行六字：首行曰“湖州”，中三字摩灭，末似“年”字；次行曰“练铜”，中三字摩灭，末似“子”字。背之左郭镌楷书一行，曰“密州录事事司验讫官”，末一字未详，或云疑是花押，近似。按：密之为州，自唐宋以迄金元，相沿最久，录事之员其官职与主簿同。据《文献通考》，宋朝沿唐制，诸府为司录，诸州为录事，掌州县庶务，纠诸曹稽违云云，是录事唐宋并置也。考《唐书·地理志》，湖州所属县多注“有铜”，而今日湖州方物犹有薛镜，是镜制自湖州而为密州录事官用也。

---

① 湖州镜于宋时为盛，此镜疑为宋物。因志书似断为唐镜，兹收录之。

五、(光绪)《益都县图志》54卷(清光绪三十三年刻本)

卷次：卷二十六《金石志上》

1. 商伯鸡父彝　旧存城内董氏。

矢伯雞父
作父癸彝

右商彝铭八字。盖内及底均有铭，文字并同。“矢”盖旌武功，或因射受赐，作彝器以奉祀，旧释为“孙”，又以为周器，恐未的。又案：此器高一尺一寸，纵五寸，横七寸，有提梁，似是提梁卣。考《款识》等书，尊彝卣壶，或曰作“宝彝”，或曰作“旅彝”。彝之言法，故为酒器之通称。然以形制定之，此器当名卣，不当名彝也。

2. 商立戈觯　器存高柳村孙氏。

立戈
形

右商觯铭。一字，在器内，作立戈形，即古“戈”字，旌武功也。周器。先叙战功，次纪入庙、册命、受赐、作彝器等事。商人简质，有作弓矢形者，有执刀形、立戈形者，皆纪事也。

3. 商龙爵　见薛氏《款识》。

龍
形象

右爵铭。一字，作龙形。薛尚功《钟鼎款识》云：政和丙申，北海民有适临朐者，见岸圮，出数器，此其一焉。案：唐宋以后称县境者，或曰柳泉，或曰北海。县南境昔为临朐地，则此器或即出于县境欤？

4. 周铸子叔黑颐鼎　器存高柳庄孙氏，下同。

铸子叔黑頣
肇作寶鼎其萬
年眉壽永寶用

右铸子鼎铭。十七字。光绪甲申肥城出土。铸，国名；子，其爵也；黑颐，铸子之名，如黑肱、黑臀，春秋人名多如此。或疑“子”属下，读如“卫有子叔黑肩〈背〉”之比。然同时出土有一匜，铭曰“惟叔黑颐作宝匜”，则子之为爵审矣。铸，尧后也。《乐记》云：封黄帝后于蓟，封尧后于祝。注：祝或为“铸”。二字古盖通用。吕氏《慎大览》则曰：武王胜殷，未下舆，命封黄帝之后于铸，封帝尧之后于黎。《周本纪》亦云：封黄帝之后于祝，封帝尧之后于蓟。与《乐记》不合。考《说文》，“蓟”作“鄚”，云武王封黄帝后于此。则《吕览》《史记》以祝铸为黄帝后者，谬矣。《续汉志》刘昭曰：武王封尧后于铸。其说盖本《乐记》，《广韵》《路史》并同。《潜夫论·五德志》篇亦云：封尧后于铸；《志氏姓》篇又云：封尧后于祝。太史公以为黄帝后，盖沿吕氏之误也。《左氏传》有“臧宣叔娶于铸”之文，其国不知亡于何时。杜注《左氏》载国名百二十有四，独无铸国，何也？

5. 周郜鼎

郜造遣作寶
鼎子=孫=用享

右邿鼎铭。十二字,重文二。邿,国名;造,盖邿君名;造,古作“艁”,此作“艁”,籀文也;“遣作宝鼎”者,盖遣嫁送女之器。《积古斋》有遣小子敦,亦同此义。《春秋》襄公十二年“夏取邿”,《左氏传》曰:“邿乱,分为三,师救邿,遂取之。”《公》《穀》“邿”作“诗”,以为邾邑。若然,当云伐邾,不当但纪取邿也。《积古斋》有邿季鼎,次字不晰,亦似“造”字。又有邿季故公敦,“故公”犹“寓公”,盖失国后之称。此器与铸子鼎同出,或失国后即依铸以居欤?

6. 周伯卣盖

伯
作
寶
彝

右伯卣器。已破裂,但存其盖,铭四字,曰“伯作宝彝”。《博古图》有伯映彝、叔彝,皆以为人名。《山左金石志》云:伯为五等之爵，又为伯仲之次，亦未可概定为名也。案：周制，幼名、冠字，五十以伯仲。伯者，伯仲之次也。古器纪爵者，必兼国名，如杞伯敦、齐侯盘、鲁公鼎是也。

7. **周纪侯钟**　旧存官庄李氏，今归潍县陈氏。

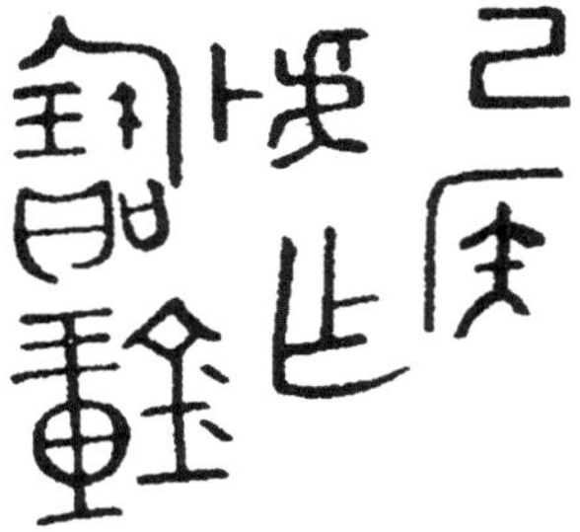

寶　虎　紀

鐘　作　侯

右纪侯钟铭。六字。得于纪侯台下。“纪”省作“己”。案：《春秋》桓公二年“杞侯来朝”，三年“公会杞侯于郕”，程子谓杞爵非侯，皆当作“纪”。证以此钟，知古文“纪”省作“己”，盖以形近致误。金石足证经史，信矣。纪国文献无征，《春秋》有纪履緰，字子帛，《庄子》书有纪渻子。见于金刻者，惟纪侯骆子及纪侯虎而已。

8. 周叔弓钟[①] 旧有石刻在郡斋，即《府志》所载齐侯钟也。释文不尽用旧说，所谓“此亦一是非”也。

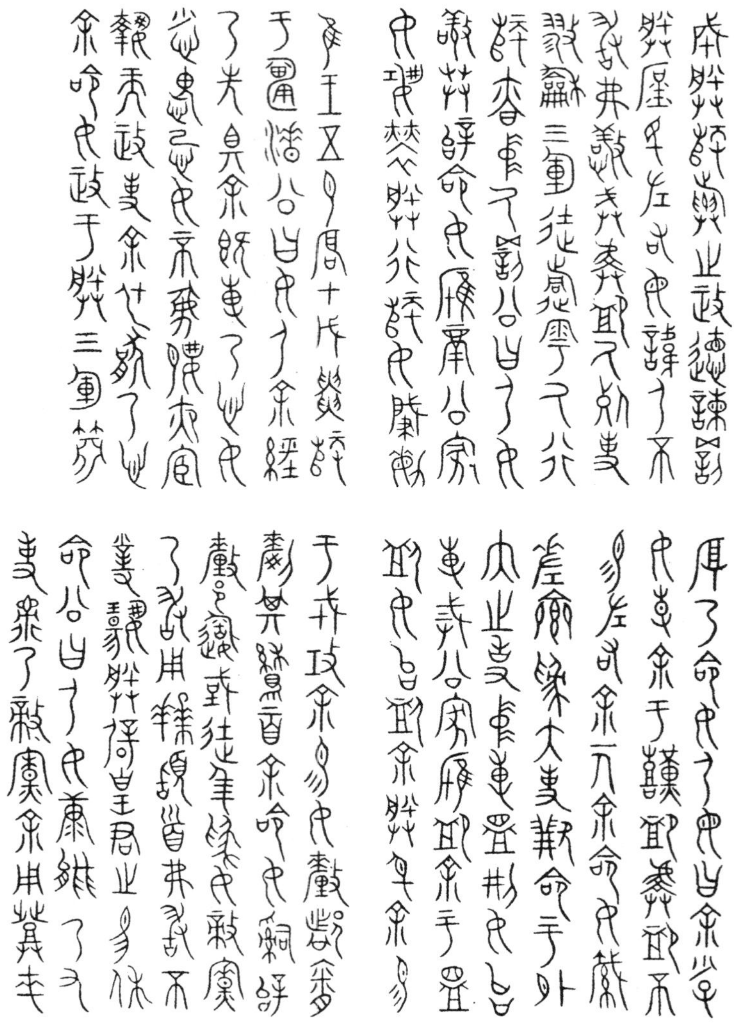

① 志书中叔弓钟铭文的释文采用铭文原有行款，因此本书也采用繁体字显示，保持其隶定信息。至于注文小字，则依据本书行款排布。

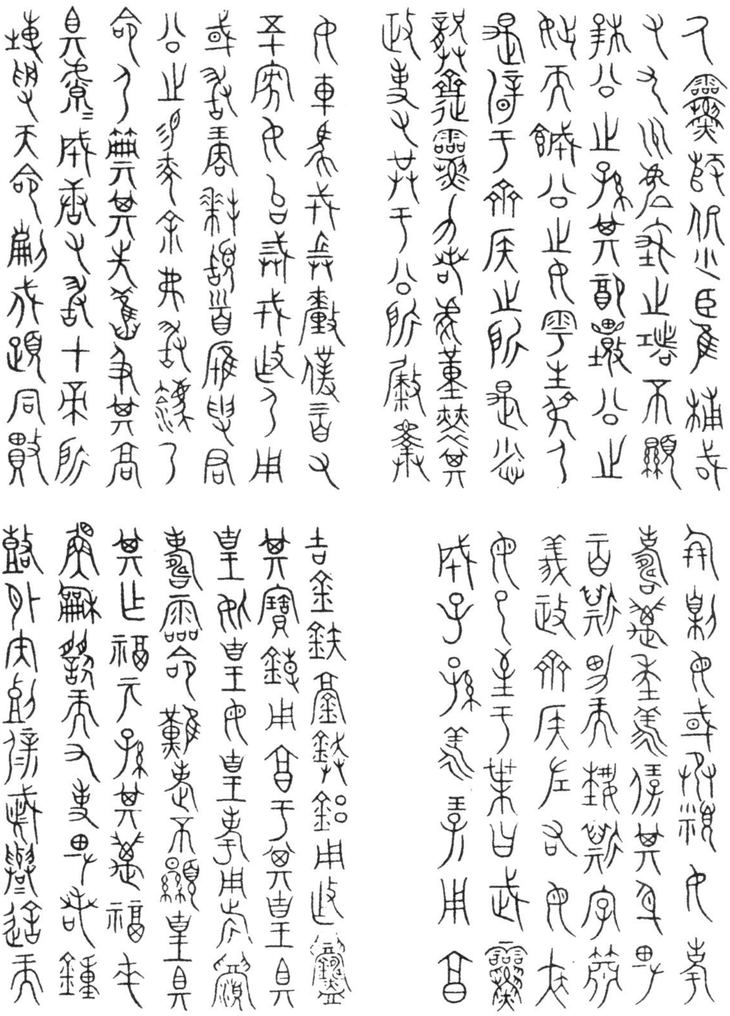

惟王五月辰在戊寅師

于菑陲公曰汝弓余經　“弓”字甚明，薛釋作“及”，非。

乃先祖余既敷乃心汝

忿畏忌汝不墜夙夜宦　“小心”合文。“畏忌”二字出《謚法解》。

執而政事余宏厭乃心	
今命汝政于朕三軍肅	
成朕師旟之政德諫罰	
朕庶民左右母諱弓不	
敢弗敬戒虔邺乃死事	
穆和三軍徒衕雩乃行	"衕"或是"旅",本从二"人",此从"同",与二"人"同義,又加"辵"旁耳。"雩"通"粤",見下。
師慎中乃罰公曰弓汝	
敬恭辥命女應鬲公家	"鬲"通"格"。
汝恐恪朕行師汝肇敏	《詩》"肇敏戎公",注:"公,功也。"據銘,當以"攻"爲正矣。
于戎攻余錫汝釐都亂	厘都、厘邑、厘僕,蓋三錫也。邑有先君之廟曰"都"。"亂"字未定。
嫠其縣晉余命汝司辥	亂、嫠,都名,今無考。司辭,蓋治民也,即《孟子》所云"王之爲都者"。
釐邑造國徒𢆶爲汝敵寮	"邑"字,薛釋無之。"二千"合文。
乃敢用拜稽首弗敢不	
對揚朕辟皇君之錫休	
命公曰弓汝康能乃有	
事率乃敵寮余用登純	
厚乃命汝弓毋曰余[小子]	"小子"合文。《江漢》篇"毋"作"無",鐘銘作"母",古字通用也。
汝敷余于艱邺虔邺不	

易左右余灭余命汝緘	"易",薛釋"錫",非。
差正卿爲大事繼命于外	原脱"正"字,據他鐘補正。"卿"字又見邾公牼鐘。薛釋"正飨",殊誤。
内之事中敷盟刑汝以	"盟""明"通,"明刑"字,《詩》《書》屢見,薛釋"温刑",非。
敷戒公家應邮余于盟	
邮汝以邮余朕身余錫	
汝車馬戎兵釐僕言有	"二百"合文。車馬戎兵,用戒戎作,與《詩》詞同,此鐘當亦春秋初年物也。
卒家汝以戒戎作弓用	
或敢再拜稽首應受君	
公之錫光余弗敢廢乃	"廢"原作"法",古字通用。
命弓典其先舊及其高	
祖虢=成唐又敢在帝所	
敷受天命刻伐履司貫	
乃靈師伊少臣唯輔咸	"伊",《博古》釋"伿",薛釋"保",皆未確。"少"通"小"。
有九州處禹之都不顯	
穆公之孫其配襲公之	
妣而鍼公之女粤生叔弓	《爾雅》:男子謂姊妹之子曰"出"。《書》傳謂甥曰"出"。"妣"同"出",薛釋"妅",非。
是辟于齊侯之所是忩	"小心"合文。
龔齊靈力若虎謹恪共	

政事有共于公所𣪘擇	他鐘作"有共於桓武靈公之所,桓武靈公錫乃吉金",疑即齊桓公也。
吉金鈇鎬鏻鋁用作鑄	
其寶鎛用享于其皇祖	
皇妣皇母皇考用祈眉	"眉"从水,籀文也。
壽令命難老不顯皇祖	
其作福元孫其萬福純	
魯和協而有事俾若鐘	
鼓外内開闢=都俞=造而	"開闢",原作"剴辟"。"辟"字内有重文。"俞"原作"砻",即"礜"字。
明剸毋或承類汝考	
壽萬年永保其身俾	"永",原作"羕"。
百斯男而埶斯字肅=	"埶",薛釋"執"。"肅",薛釋"綴",且無重文。皆非也。
義政齊侯左右毋夾	"義"同"議"。"夾",薛釋"央"。
毋已至于葉曰武靈	"武靈",美號,如趙武靈之比。"桓武靈公",亦如是也。
成子孫永保用享	

右镈钟铭,四百八十余字。宣和初,临菑耕夫得古钟十有四,一载全铭,即此钟也;又七钟分载铭词,增多十字;又六钟铭不全,间有脱误。郡守闻之,檄取以来,摹本刻石置郡斋,而献其钟于朝焉。叔弓,齐臣,于传无征。铭有"高祖虩虩成唐"语,末云"武灵成子孙永保用享",叔弓,盖成氏也。成者,周之采地,仕于王朝者,有

成肃公、成简公。叔弓盖王朝卿士之裔，仕于侯国。齐有成秩、成䀹，或其后。铭有云“师于菑陲”，又云“命汝缄差正卿”，似因讲武而命将帅之词。又云“有共于桓武灵公之所”，武灵，徽号也；桓公，齐桓也。当桓公创霸，膺将帅之任者，实为王子成父。父者，男子之美称，史佚其名，或即作钟之人欤？春秋时，贤而有位者多不名，鲍叔名牙，但称鲍叔；管氏夷吾，但称管仲；宋孔金父名木，《传》直云孔父。由此以推，成父或与孔父同例。成者，其氏也。王子者，溯其族之所自出也。《国策》有王孙贾、姚贾，说者云是一人，则王子成父与成弓亦或是一人矣。案：此钟非县境所出，以曾存太守署中，且旧有石刻，故载之。

9. **铸子叔黑颐簠**　器存高柳庄孙氏。

盖铭　《礼经》谓“盖”为“会”。

铸子叔黑
頤肇作寶
簠其萬年眉
壽永寶用

器铭

铸子叔黑

頤肇作寶

簠其萬

壽永寶用

右铸子簠铭。十七字。器铭蚀二字。潍邑陈寿卿介祺曰:“承示藏簠,至感。”昔徐籀庄谓:“鄙藏为会。”以此器审之,是器非盖。盖上有花文,器底无之,以此见学无止境也。铸字篆法甚奇。

10. 周司马启玺

右印斗钮,白文,曰“司马启鉩”。盖列国时物。“鉩”与“玺”同,古人尊卑用之,秦始皇始禁臣民称玺。凡古印有“坋”“鉩”字者,皆秦以前物也。同治癸酉,有持此求售者,因摹印数纸。

11. 周左司徒玺　今归潍邑陈氏。

右印斗钮，白文，曰“左司徒”。案：左右司马、左右司徒，皆列国官制也。古玺临菑出土最多，益都西北境亦时有之，多为寻人购去。然此种官印，殊不多见也。

12. 周维若邑歆亳之玺　存高柳庄孙氏下同。

古印，双边白文，不若是之粗也，此误刻，下同。

右印斗钮，白文，曰“隹若邑音亳之鉨”。隹、维、潍，古通用，疑即潍夷也。若邑，邑名。音、歆，古通用。张仲簠“用飨大正音王”，刘原父、薛尚功皆释“歆王”是也。亳，亳社也，胜国之社。此印盖古祠官主亳社之祭者所用也。

案：汉制，园陵置食官令，侯国有祠，祀长皆主祭祀。歆亳之玺盖亦此类。又所见大古玺除司马、司徒、司成等官印外，或有膳夫所用，如“左廪之玺”“左廪木桁”，似供稻粱之官；“馈盒之玺”馈，近人或释“飦”。“阳尚邑□馈盒之玺”，亦似膳夫印。中壶印形匾不方，则似酒人所用。盖古人于饮食器，皆有封泥，不似今人简易也。又余收齐食官丞封泥，底面有纹，绳索宛然，系封杞柳所制之器。附载之，以广异闻。

13. 周庄庆訊玺

右印斗钮，白文，曰“庄庆訊鉩”。庄，印文作“妆”，《汗简》云：古文“庄”字。庄庆，人姓名。第三字当是“讯”字，又有作“吼”者。从言从口之字，古多通用，如“谟”字、“谚”字，古文皆从“口”是也。

14. 周私玺

古圆印，世谓之权钮。朱文，“私坽”二字。韩非云：仓颉造字，自营为私。又有作，作者，杨恒《书学》所谓“不方不圆以见意”也。

案：官名玺、姓名玺皆从“金”作“鉩”，无从“土”者。此种小私玺皆“土”旁，无从“金”者，且皆朱文。盖白文施于简策，所以封泥印出，则为凸文矣。朱文或钤于帛上，古无纸，以帛代之，所谓箸于竹帛也。惟印色不必皆朱耳。

15. 周列国刀布五种　存高柳庄孙氏。

(1) 空首布

右空首布，亦名铲币。面文“益”字，纪地也。益县属北海郡，始见《班志》，或列国时已有之。古地名皆因事附见，其不传者正多也。故城在寿光南，曹魏于此置益都。或以空首布萃于中州，疑非齐币。然“齐川金化”“卢氏”“武”字，又何尝非齐币哉！

（2）方足布

右布面文二字，所见录引刘青园之说，释为“马陵”，即马陉也。《左氏》纪晋伐齐，“入自邱舆，击马陉”，注谓马陉即马陵道。顾氏谓自莱芜口以下、牛山以上，循淄水两岸而行，谓之长峪道，即春秋之马陉也。

案：方足、尖足等布传世日多，收藏亦夥，不能备载。尖足布有“邪”字一种，即琅邪所铸也。牙从，见《汗简》。谱家释“邪山”二字，非。以距县境较远，不复载。

（3）齐法货

右三字齐刀面文“齐法货”；背上有三横文，疑即“三”字，中“十”字，下“化”字。又有作“吉”“安”“生”“年”等字者，凡二十余种。“三十”盖纪直也。宝货钱有“四货”“六货”二种，列国尖足小布轻薄如纸，往往有“八货”字，则齐刀或即直三十货欤？诸刀背文悉有“三十”字，惟即墨小刀无之，亦是一证。《管子》“春与民以币，秋则受其谷而权衡其轻重”，《荀子》“厚刀[布]之敛以夺之财”，则知列国采金立币不仅用以通商矣。

（4）齐之法货

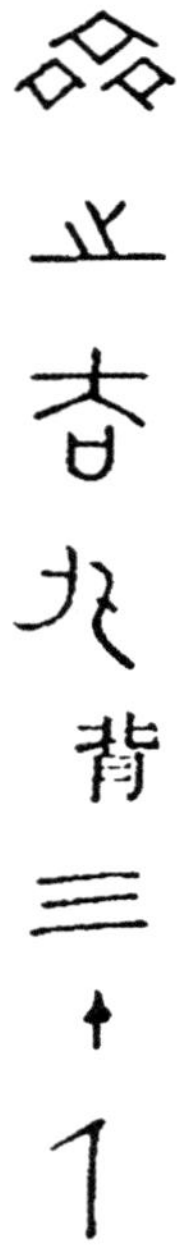

右四字齐刀面文“齐之法货”，背文同三字刀。案：四字齐刀，篆文纤利，与六字刀同，疑战国末所造也。

（5）齐返邦就法货

右齐六字刀面文“齐返邦就法货”，背文“三十”字、“上”字。“返邦”犹言返国说见下，“就”犹“造”也。《史记》“萧何对高帝曰：天下未定，故可以就宫室”是也。“返邦就法货”者，言世子法章自莒返国后所造之法货也。

此刀或释“造邦”，或释“建邦”，云是齐开国时所铸，今案：刀文“返邦就”三字皆用籀文，字画纤细，颇近战国。若春秋之初，文字雄奇，与此固有别矣。初氏《所见录》释为“徙邦”，疑是齐胡公徙都薄姑时所铸。然“徙”字金文屡见，从“止”，不从“反”也。今释为“返邦”，“返邦”者，恢复之为。盖襄王法章自莒反国时所造。考乐毅伐齐，下七十余城，惟莒、即墨未下，卒之运奇制胜，遂复全齐。《国策》貂勃说齐王曰：安平君以惴惴即墨，三里之城，五里之郭，而反千里之齐。即此刀“返”字之切证也。汉人讳“邦”，“邦”字多改为“国”。《左氏传》“公子若返晋国”、《越绝书》“勾践反国”，或本作“返邦”，汉人追改为“国”欤？《古泉汇》释为“建邦”者，盖以“丰”字多一横之故，乃不知从“又”、从“寸”之字古多通用。《说文》“又”字、“寸”字皆以人手为训，《寸部》“射”字、“将”字、“尊”字，古文从“又”。蒲反布“反”作𠬝，则又从“寸”矣。《古泉汇》收此刀十一种，从“𠬝”者三种，“返”字尤易辨也。齐自襄王返国，传齐王建，历四十年而国亡，故此刀传世绝少。

光绪丁亥，城北二十三里范王庄村民取土，掘得齐刀范一窖，三字者居多，即昔人铸币处也，因载齐刀三种。安阳刀、即墨刀县，境虽有出土者，品类众多，不能备载，明字刀、尖首刀亦从略焉。

16. 秦左将田锜印　今归潍县陈氏。

右印斗钮，白文，曰“左将田锜”。“左将”二字，自左及右读之，“将”字从“酉”，甚奇。高氏《印捃》收秦厩将章马印，“厩将”倒读，篆法亦同此印。

17. 秦阜将唯印　存高柳庄孙氏。

右印斗钮，白文，曰“阜将唯印”。“阜将”无考，或是秦官。《史记·功臣表》有城将、林将、慎将、重将等名，颇与阜将相类，皆秦官也。印有“唯”字者，近日谱家附于官印，盖犹汉世之画诺也。

18. 秦半通印

右印碑钮，高寸五分，朱文。“市器”二字有横界。案：此半通印也。《法言》：“五两之纶，半通之铜。”注：“铜印也。啬夫印不方，故曰‘半通’。《十三州志》曰：‘有秩啬夫，得假半通。’”印文有“市”字，或啬夫司市者所用。汉承秦制，市有掾有吏，皆啬夫之类。

19. 汉关内侯印　存高柳庄孙氏，下同。

右印涂金龟钮，白文，曰“关内侯印”。《续汉志》云：“十九等为关内侯，无土，寄食在所县，民租多少，各有户数为限。”荀绰《百官表注》曰：“关内侯者，依古圻内子男之义也。秦都山西，以关内为王畿，故曰关内侯。”

20. 汉奉车都尉印

右印龟钮，白文，曰“奉车都尉”。《汉书·百官公卿表》云：奉车都尉掌御乘舆车。武帝初置，秩比二千石。案：奉车都尉又见《霍光传》。《山左金石志》亦收此印，乃置于令尉之间。又疑为后汉奉车将军之属，误之甚矣。

21. 汉部曲将印

右印瓦钮，白文，曰“部曲将印”。案：此印《山左金石志》列军司马后，高氏《印据》则列军司马前。考部曲将之名，《班志》不载，仅附见《后汉书·献帝纪》及《何进传》，此官或即始于东汉。《续汉志》云：大将军营五部，其领军皆有部曲。此大将军有部曲将也。《志》又云：其余将军置以征伐，皆有部曲司马、军候以领兵。此杂号将军有部曲将也。其品秩当与军司马相埒，故钮制亦同。

22. 汉骑部曲将印

右印瓦钮，白文，曰"骑部曲将"，盖主骑兵者。

23. 汉军司马印

右印瓦钮，白文，曰"军司马印"。《续汉书·百官志》云："大将军营五部，部校尉一人，比二千石；军司马一人，比千石……其不置校尉，但军司马一人。"注："司马主兵，如太尉。从事[①]。"案：此官多以文人为之，西汉杨敞、谷永，东汉班固、傅毅皆尝为此官。又《梁书·羊侃传》："以为大军司马。帝谓之曰：此官废置已久，今特为卿设之。"观此，则齐梁之世久无此官矣。

24. 汉假司马印

① "从事"应属下。《后汉书·百官志》："司马主兵，如太尉。从事中郎二人，六百石。"

右印瓦钮，白文，曰“假司马印”。案：此官西汉已有之，见《赵充国传》。盖军司马之副也。

25. 汉别部司马印

右印瓦钮，白文，曰“别部司马”。《百官志》云：“其别营领属为别部司马。”《文苑传》张超曾为此官。或如后世之参军也。

26. 汉长广令印

古〈右〉印碑钮，白文，曰“长广令印”。案：长广县，班《志》属琅邪；《后汉·郡国志》属东莱，建安中改县为郡。班《表》：县满万户以上为令，秩千石至六百石。钮制似鼻而高，《山左金石志》曰“碑钮”，今从之。

27. 汉部曲督印

右印鼻钮，白文，曰“部曲督印”。“督”有省笔，《印薮》“骑督”有此法。

28. 汉骑部曲督印

右印鼻钮，白文，曰“骑部曲督”，别“步部曲督”而言也。

29. 汉军曲候印

右印鼻钮，白文，曰“军曲候印”。《续汉书·百官志》云：大将军部下有曲，曲有军候一人，秩六百石。案：东汉冯绲征武陵蛮，辟蔡瓒为军曲侯，见《风俗通·愆礼篇》。

30. 汉菑川候印

右印鼻钮，白文，曰“菑川候印”。案：此菑川王国之候也。《续汉志》云：汉初封诸王子，地既广大，百官悉如朝廷。候者，中尉之属，王国有中尉，固宜有候矣。《印统》有济南候印，济南亦王国也，大小形制与此印同。

31. 汉谈指尉印

右印鼻钮，白文，曰“谈指尉印”。谈指，县名，属牂柯郡，见班《志》。汉制：县有尉，主捕盗贼，大县左、右二人，小县一人，秩四百石至二百石。

32. 汉半通印

右印鼻钮，白文，“高乡”二字。乡啬夫所用也，说见前“秦半通印”。又有“都乡”一种，不备摹。

33. 汉尚方弩机① 存高柳庄孙氏，下同。

右弩机铭十四字，底面“左尚方”三字；右侧“建廿三乙七十”为一行，共六字；左侧有“下六十四”四字；顶面有一字曰“万”。案班《志》尚方掌作御刀剑诸好物，此盖尚方所造。“建廿三”或云即建安二十三年，理或然也。“乙七十”者，“乙”纪次第，“七十”则纪数

① 以下四条，原文缺图。

也。“万”字或是人数。“下六十四”或系后人添改。汉器铭地名、斤两，一器上往往互异，亦此类也。《山左金石志》载建安廿二年弩机，有“千五百师”字，可与“万”字相证。

34. 汉千万带钩

右带钩，阳文“千万”二字。翟文泉采入《隶法溯源》，谓是汉器。案：古小鉨有“千万”一种。明字刀背亦有“”字，其来久矣。

35. 汉尚方镜

右镜径汉尺八寸，葵花钮，十二辰，篆文。乳形间以四神。铭二十一字，曰：尚方作竟真大巧，上有山人不老，渴饮玉泉饥食枣。末一字不可辨。又石氏镜铭文同，惟“尚方”字作“石氏”，“老上”有“知”字，末有“长宜”二字，径汉尺七寸五分。

36. 汉丹阳镜

右镜径汉尺六寸，篆文。铭曰：汉有善铜出丹阳，取之为镜清如明，左龙右虎备四旁。“如”“而”古通用。背有莽泉二，东汉物也。

37. 晋殿中司马印　存高柳庄孙氏，下同。

右印瓦钮，白文，曰“殿中司马”。《晋书·百官志》：更制殿中将军，中郎、校尉、司马。又《舆服志》：“次殿中司马，中道。”又见《杨骏传》。

38. 晋安北将军长史印

右印瓦钮，白文，曰“安北将军长史”。汉制，丞相有左右长史。未闻将军有长史也，或魏晋之制。旧谱有龙骧将军长史。

39. 晋别屯司马印　今归潍县郭氏。

右印鼻钮，白文七字，曰“兼南阳别屯司马”。考“南阳”二字，始见齐武平造像碑。此印于广固废城出土，自是晋以后物，故附晋印之末。以上三印并于郇、杜二村出土，即广固城旧趾（同“址”）也。村人云“掘地深数尺，有瓦砾厚尺许”是其证。

40. 唐凝清镜①　存高柳庄孙氏，下同。

右镜鼻钮，四螭，正书铭二十四字，曰：光流素月，质禀元精；澄空鉴水，照迴凝清；终古永固，莹此心灵。此镜亦载《山左金石志》，题曰“凝清镜”，又曰：铭词近雅，文人笔也。

① 以下两条，原文缺图。

41. 唐钱背镜

右镜鼻钮，背文“开元通宝”，文字与武德开元同，盖唐初物也。古镜以极大极小为贵，此镜径汉尺寸六分，故载之。

六、(民国)《昌乐县续志》38卷(民国二十三年铅印本)

卷次：卷十七《金石志·金类》

1. 古刀币四种　存城南五十五里杨家庄杨氏。清光绪间掘土得之，凡十余种，现只存其四。

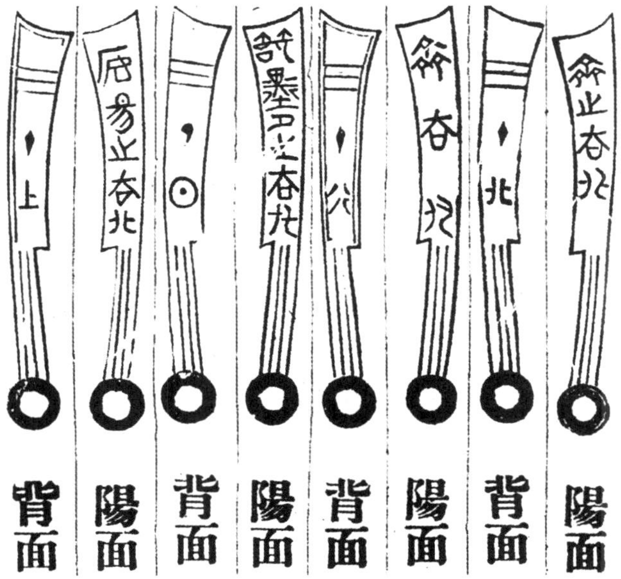

刀币之制，创始于周，以其形式如刀，故名。《汉书》：太公为周立九府圜法，退又行之于齐。今观刀头，有环，即圜法也。桓公令罪轻者赎以金刀，故齐刀最多。上刀四种，面文曰“齐之法货”，曰“齐法货”，曰“节墨邑之法货”，曰“安阳之法货”。“法”或作

“宝”，或作“吉”，皆非。“法货”犹今之国币。即墨为齐邑。安阳有二：其一属豫州，在今鲁西菏泽县；一属莒，为莒五阳之一，莒入于齐，故安阳亦齐邑。史称乐毅伐齐，惟莒、即墨未下，其刀之形式相同，宜也。阴面上有三横，疑是“三”字。中一字或作“丁”，或作“十”。考古钟鼎文，“丁”为圆点，此字上下俱直出，似作“十”字为是。曰“三十”，盖纪直也。宝货钱有“四货”“六货”二种，安邑布币有“一金”“二金”等字，其他古币铸有数字者极多，齐刀最大，故值三十货。惟即墨小刀无之，亦是一证。其下无“货”字者，或为“行”字，取“通行无阻”之义。或为⊙，取循环不息之义。惟“上”字取义未明。

七、(民国)《寿光县志》16卷(民国二十五年铅印本)

卷次：卷之十三《金石志》

1. 周纪侯钟

《山东通志》云：右钟铭六字。阮氏《山左金石志》《积古斋钟鼎款识》皆著录。“己”“纪”古通用，己即纪国也。即虑傂尺之“傂”字，是纪侯名也。《左传》隐元年：“纪人伐夷。”杜注：纪国在东莞剧县。《齐乘》云：寿光南三十里，春秋之纪，即剧城也。此钟于乾隆年间寿光县人得之纪侯台下，为益都举人李廓所藏。由李廓归诸城刘燕庭喜海，后归潍县陈氏。簠斋号“十钟主人”，此钟即为十钟之一。

诸城刘喜海《清爱堂钟鼎款志〈识〉》跋云：此钟乾隆间寿光农人得之于纪侯台下，旧在益都李载赓家，后归江西萍乡刘宫保金门先生，嘉庆甲戌赠喜海。高邮王文简公云，《考工记》“钟县谓之旋，旋虫谓之斡”，郑众以“旋”与“斡”为一物。此钟甬之中央近舞者，附半规焉，为牛首形，而以圜如规者贯之，乃悟“旋”与“斡”相衔而非一物。盖圜如规者所以县钟，所谓钟县，谓之“旋”也；半规为牛首形者，乃钟之纽，所谓旋虫，谓之“斡”也。通高建初尺一尺一寸三分，栾高七寸，甬长四寸三分，衡围四寸四分，钟县之规经一寸三分，舞修五寸一分、广四寸一分，两铣相距五寸九分、经四寸四分，厚八分。枚三十六，各长八分。重量九十二两。一面左鼓，有凫形；一面右鼓。按《考工记》注：甬衡，钟柄也；舞，钟体也；枚，钟乳也；栾，钟两角也，两栾则谓之铣。

东武刘氏诗萃刘喜海己侯钟歌并序

寿光县南州里有纪侯台，实春秋时纪国地也。乾隆间，农夫于台下得其钟，旧存李孝廉载赓处，后归萍乡刘金门少宰。嘉庆甲戌，少宰将归江西，余走送别，举以相赠，且曰：楚弓楚得，其善藏之。曾赋长歌纪事，匆匆〈匆匆〉二十年矣。旧稿无存，兹复次韦苏州《石鼓歌》韵赋之。

纪侯筑台兮，泰山东麓潍水阳。纪侯铸钟兮，勒名作宝光炜煌。春秋迄于今日兮，为岁二千五百有卅七。纪侯去国在周庄王四年辛卯，至今丁酉，凡两千五百三十七年。台空钟出兮，陆离斑剥土花涩。攻金载读考工文，锡居其一金六分。斡与旋虫为二事，新义异于古所云。高邮王文简公辨“钟县”“旋虫”非一物，以是钟证之，载《经义述闻》。带篆枚景交相错，铭曰宝钟纪侯作。曰虎一字多偏旁，洨长无征殊杳漠。非弇非侈厚则石，左栾飞凫留其迹。持莛一撞有余清，疋韵迴与尘嚣隔。

按：，前修释“虎”，亦释“僦”，释“虎”显非。左亦非“人”，文字递变，人兽头目为状难别。“虍”训虎文，虎足象人足，许书且著为典要。窃疑此或为似人形所讹变，左即支扑。考鼎彝“畏”作，甲骨作，上固皆作鬼头。然部，“禺”明非鬼，何云头似鬼魅之古文？，籀文，乃云从彖首。且，篆之，分明是鬼，而许乃云从虎省，知不过之异文。如、等初文亦略象丑恶形，况鬼非人所能见，初或以人戴丑恶之面具饰为鬼，则其面具或作牛马首形，亦在意中。即更作虎豹首形，当亦为事所应有。首戴虎形面具，手执形，义足会畏恶。然则当释“畏”，似为己侯名，但经史无证，姑存待考。

2. 汉安平阳侯坿　存丁家楼丁氏。

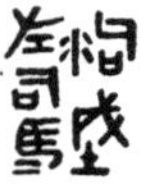

右器高六寸。四足，上有两鼻，中篆书五字，阳文，与阮氏《积古斋钟鼎彝器款识》所载汉安平阳侯洗无殊。据阮氏云，汉安、后汉顺帝之号平阳侯有二。一为曹宏，故平阳侯，本始子〈于〉建武二年，复故封，旷嗣，旷后无闻。又永平二年，封明帝女为平阳公主，适大鸿胪冯顺。建初八年，顺子奋袭主爵，无子，兄劲为侯，传子卯，至其孙留。延光中，留为侍中。延光，安帝之号，则汉安之平阳侯乃留也。

第九章　济宁市古方志载青铜器资料辑录(13条)

一、(乾隆)《曲阜县志》100卷(清乾隆三十九年刻本)

卷次：卷五十一《类记·金石》

1. 汉虑虒铜尺

篆文十四字，曰："虑虒铜尺。建初六年八月十五日造。"孔尚任记云："江都闵子义行博雅好古，所藏铜尺一，朱碧绣错，为赏鉴家所玩。余既得之，乃不敢以玩物蓄焉。古者黄钟、律历、疆亩、冕服、圭璧、尊彝之属，皆取裁于尺，而周尺为准。自《王制》不讲，乡遂都鄙之间各从其俗，于是布帛营造等尺代异区分，遗法荡然，况礼乐之大者乎！此尺有文曰'虑虒铜尺建初六年八月十五日造'，'虑虒'乃今五台邑，'建初'则东汉章帝年号也。考章帝时，冷道舜祠下，得玉律以为尺，与周尺同，因铸为铜尺，颁郡国，谓之'汉官尺'，此或其遗与？汉代去周未远，且《礼经》皆出汉儒，汉尺之存即周尺之存也。闻之先王制法，近取诸身，远取诸物，然后尺寸之度起。何休曰：'侧手为肤，按指知寸，布手知尺。'此则尺之取诸身者也。《律历志》谓:‘一黍之广为分,十分为寸,十寸为尺。’此则尺之取诸物者也。指有长短,黍有巨细,每不相符,汉儒因有指黍二尺之辨。此尺取指取黍,固不能定,今以余中指中节量之,适当一寸,无毫发差。及累黍试之,正足一百,何指与黍之偶符若此耶?广一寸,厚五分,重抵广法十八两。归之阙里,凡造礼乐器皆准之,准周尺也。”又曰:“建初铜尺与周尺同,当古尺一尺三寸六分,当汉末尺八寸,与唐开元尺同,当宋省尺七寸五分弱,当宋浙尺八寸四分,当明部定官尺七寸五分弱,当今工匠尺七寸四分,当今裁尺六寸七分,当今量地官尺六寸六分,当今河北大布尺四寸七分。余之能定者,以有建初铜尺在也。”按:汉尺,《阙里文献考》诸书不载,癸巳春正,予在京邸,民部孔继涵示以墨拓及时贤题跋。虽非庙庭旧物,而既归阙里,勿容遗也。因详记孔尚任语,以别于裴丞相之古器云尔。唐丞相河东公裴休尚古好奇,掌纶诰日,有亲表调授邑宰于曲阜者,耕人垦田得古铁器盎,腹容三斗,浅项庳足,规口矩耳,朴厚古丑,蠹蚀于土壤者。既洗涤之,复磨砻之,隐隐有古篆九字,带盎之腰。曲阜令不能辨,兖州有书生,姓鲁,善八体书,召致于邑,出盎示之,曰:“此大篆也,非今之所行者,惟某颇常学之。是九字曰:齐桓公会于葵邱岁铸也。”宰大奇其说,及以篆验,则字势存焉。乃辇致河东公之门,公以为麟经时物,得以言古矣。宝之犹景钟郜鼎也,视草之暇,辄引亲友之分深者观之,以是京华声为至宝。公后以少宗伯掌文学柄,得士之后,生徒有以盎宝为请者,裴公一口〈日〉设食会门生,出器于庭,则离立环观,迭词以赞。独刘舍人蜕以为非当时之物,乃近世矫作也。公不悦曰:“果有说乎?”紫微曰:“某幼专邱明之书,齐侯小白谥曰桓公,九合诸侯,取威定霸,葵邱之会是第八盟。又按《礼经》，诸侯五月而葬，同盟至，既葬，然后夕虞；既虞，然后卒哭；然后定谥。则葵邱之会实在生前，不得以谥称之。此乃近世矫作也。”裴公恍然始悟，立命击碎，然后举爵尽欢而罢。见唐参寥子高彦休《唐阙史》。

二、(光绪)《滋阳县志》14卷(清光绪十四年刻本)

卷次：卷六《金石·金》

1. 汉铜钟

在息马地春秋阁。无铭。

2. 古方铜鼎

在城西北隅天医庙。有二，各重千斤，一完一缺。道光辛丑，邑人迁其完者于息马地关帝殿前。无铭。

三、(光绪)《鱼台县志》4卷(清光绪十五年刻本)

卷次：卷四《金石志》

1. 周鲁公鼎　款七字。古文。

鲁公作文王尊彝

右[①]小方鼎。四足，纯素无华纹。旁有两耳，自足至耳，以建初尺量之，计高六寸三分，口径三寸四分。青翠透入骨胎，必非赝作。铭文七字，在鼎内底，作两行书。按：此鼎铭见薛尚功《钟鼎款识》者一，见《积古斋款识》者二，见《金石索》者一，皆大同小异。器今藏刘月桥家。

---

① 方志未载周鲁公鼎图。

2. 东汉青盖镜　铭二字。隶书。

青蓋

镜径三寸强，鼻钮，中作鼍龙水兽之形。铭二字，曰“青盖”。粤西陈补帆客鱼台，得于肆上。按：此镜见《宣和博古图》，见冯晏海《金石索》，华纹、铭字悉同。此镜“盖”字甚明亮，而《博古图》乃释作“青监”，误矣。

四、(光绪)《邹县续志》12卷(清光绪十八年刊本)

卷次：卷十《金石志》

1. 漆城鼎

在城东土旺村杜家，得自漆城陇中，故名。鼎有七，惟一小者有“永宝用”三字。

2. 汉郭巨铜章

在城东鱼台举人马东泉星翼家。铜章龟纽，文曰“郭巨广都之真印”，八字三行，其首字不可识。

五、(光绪)《泗水县志》15卷(清光绪十八年刻本)

卷次：卷十三《旧迹志·金石》

1. 尊

东乡人犁田得之，今藏王氏家。铜质，甚薄，跗高黍尺五寸弱，腹如之。盖有腹之半，口径九寸，侧嵌两环，如古壶用以衔提者。按：商周尊彝腹间率有花纹，或云雷，或饕餮，此则通体纯素，犹有夏后尚质之意。殆商周以前物欤？近好古家所收尊彝皆无盖，得此可补礼器图之阙。形微似豆，但豆无侧环。

2. 鼎

质甚厚，磨镳精致，无花纹。高黍尺六寸，腹围二尺三寸，口径六寸。闻有盖，未之见。按：古鼎多矣，此独异者，耳之下、腹之中有平檐匝出，宽径寸，厚分许，在古鼎中殊属仅见。虽无铭文志之，亦足存古制之变也。光绪十五年，城东五十五里贺庄村洙河东岸水冲出土。

3. 汉铜尺

尺有文，共十四字，曰“虑虒铜尺。建初元年八月十五日造”。按：虑虒，今山西五台县；建初，东汉章帝年号。章帝时，冷道舜祠下，得古玉律，以为必周尺之准，因仿造铜尺，颁发郡国，此其遗欤？曰“虑虒”者，记尺之所自铸也。周尺之说，众喙纷如，惟何休与《律历志》二说近之。休曰：按指知寸，布手知尺。《志》曰：“一黍为分，十分为寸，十寸为尺。”今以二说度此尺，虽不无小差，盖黍有大小，指有长短，未可胶执，二说亦不过举其大凡耳。然则谓建初尺即周尺，可也。以今裁尺量之，正六寸六分强。考古者执此为准，庶于律吕、井疆之制可以无所惑矣。承朡志。

4. 诸葛铜鼓

诸葛鼓见于交趾、上南等志。旧传渡泸后所铸。吾乡冯大木、赵秋谷两先生有《诸葛铜鼓歌》，今所存惟赵作四十韵。考马伏波征交趾时，铸铜为鼓，鼓之制前此矣。粤、蜀、黔、滇诸省以铜鼓为地名，所在多有，收藏之家但名为汉铜鼓，而不执言其人。嵫阳仙君湘南官广西隆林，得此鼓，询之土人，谓鼓设水中，武侯用为疑军。至今苗俗宝之，吉凶大事陈设于庭，循声占验有奇应，故奉之若神。壬戌十月，湘南将赴关，诒此为别，因志其所由。王家榕。

六、(光绪)《嘉祥县志》4卷(清宣统元年刻本)

卷次：卷一《方舆志·金石》

1. 周宣王册命鲁武公金简

简制长周尺一尺二寸许，博如其半。铜质，涂金，外面饰以云螭，其内以银线界作竖格，似今之殿试策。字痕皆赤，所谓丹书也。○嘉庆十二年大雨，城东南鲁宅山中忽陷一古墓，县令封培，得玉片数种、铜册两板，但知玉片足宝，其铜册漫附官库。越数年，库吏觉其异，拓其文求曾七如辨识，知为周宣王封鲁武公册命。后为一官携去，不知所归。同治间，嘉祥教论李维嶟缮其文，详于山东学政汪鸣銮，学宪批云："按：嘉祥，鲁地，山名鲁宅，鲁先公冢墓在此可信。考册文年代，义意符合，文亦大似周诰。"文详《艺文》。

附(光绪)《嘉祥县志》卷四《艺文》载"鲁武公金简册命"

鲁武公金简册命嘉庆十二年大雨，嘉境内鲁宅山中，忽陷一古墓，县令封培，得玉片数种、铜册两版。但知玉片足宝，其铜册漫附官库。越数年，一库吏觉其异，拓其文求曾衍东辨识，知为周宣王赐鲁武公册命。后为一官携去，不知所归。学院汪批："嘉祥，鲁地，山名鲁宅，鲁先公冢墓在此可信。考册文年代，义意符合，文亦大似周诰。"

惟王三年丙子十月望王各格。于廟廟。室册命敖

己巳司徒季圞又即“右”字。敖立中以庭。受册命王若曰敖隹惟。尔皇且祖。于昔承訓益元公乃啟卬邦。東土優容化道用丕變于殒夙。觓敘。不逞于逞于㸑南。仝垂。延㥜惠。于卌“世”“世”二字。囟廼。及于𠂉尔。先公建武王家弗睪弗㬎憚。畏畏。网罔。逆異于奴友卬以和作大勳勳。于萬世㬎紀。閟藏㝁府。烏乎永念尔之之剢烈。且祖。勿忘朕㑹命。以或訫怠。于尔後圖㕦其。㳥“休”“尔”二字。寏庶。姓易賜。𦏶“朱”“芾”二字。玄衣㱙鋈。革革。戈㫃琱。战戟。庢彤。矢㔭𢀗。卣敖㳉“拜”字。䭫“稽”“首”二字。𢽟敢。對㺸揚。天子木㑹命。𦬁“卅”“年”二字。

册制长周尺一尺二寸许，博如其半。铜质，涂金。外面饰以云螭，其内以银丝界作竖格，似今之殿试策。字痕皆赤，所谓丹书也。

七、(民国)《续修曲阜县志》8卷(民国二十三年铅印本)

卷次：卷八《艺文志·金石二》

周范铜器十事

清乾隆三十六年，钦颁内府宝藏周范铜器十事，陈设至圣庙廷，旧志图考俱备，可供观览。惟其中颠倒错乱，世人罕知，冯云鹏《金石索》已略言之，邑人姜克谨所著《慎余草堂余草》有云：木鼎注是，图非，误刊蟠夔敦下，第七图乃木鼎也；亚尊注是，图非，误刊册卣下，第九图乃亚尊也；牺尊不误；伯彝注是，图非，误刊夔凤豆

下，第六图乃伯彝也；册卣注是，图非，误刊伯彝上，第三图乃册卣也；蟠夔敦注是，图非，误刊木鼎上，第一图乃蟠夔敦也；宝簠不误；夔凤豆注是，图非，误刊亚尊上，第五图乃夔凤豆也；饕餮甗不误；四足鬲不误。据此，则旧志图考之误可以更正，不至一误再误矣。

附冯云鹏铜器十事跋

周范铜器十事系乾隆三十六年钦颁内府宝藏，分甲乙十干次第，陈设至圣庙廷，并御制诗章考释图册，给衍圣公孔昭焕，以为世守，迄今六十余年，敬藏内库如故。惟春秋二大祭，请出陈设，其冬夏家之私祭，亦不敢陈，以重国典谨守藏也。鹏于嘉庆二十一年初至滋阳时，逢丁祭日，即至曲阜，获瞻十器。窃叹其神采惊人，不敢逼视。见潘氏县志所刻，虽云遵依图册而镂文不类，且以敦为鼎，以鼎为敦，以卣为尊，以彝为卣，以豆为彝，以尊为豆，颠倒错乱，人无知者。心滋惧焉，每欲修改而力有未逮。今羁栖曲阜，乃请于冶山上公庆镕，于丁祭后暂将十器存诸念典堂中两日，得以细意观摩，实系目所未睹，其古厚气更在太学所藏十器以上，足以仰见至意，亘古未有。于是手拓其铭，选工绘图，悉遵原式，又敬录释文。原文从《山左金石志》之例，冠于《金石索》之首，俾得远迩流传，不至贻误。简末缀以所见，以传实踪、纪荣幸焉。

第十章　泰安市古方志载青铜器资料辑录(1条)

(民国)《东平县志》17卷(民国二十五年铅印本)

古钺

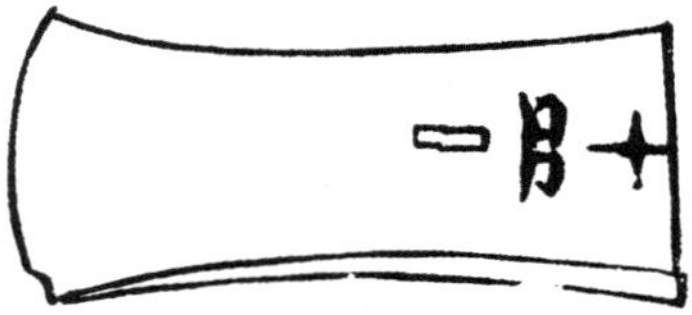

缩小

铜质。重十一两。高四寸,刃阔一寸五分,下阔一寸强,厚八分,中空。面有花饰,无字。年代不可考,疑古时仪仗所用。浑穆黝碧,色泽甚古,必秦汉以上之物。清光绪三十二年,北遂城村有人掘地得之。今为王润皋所藏。

第十一章　日照市古方志载青铜器资料辑录(24条)

(民国)《重修莒志》77卷(民国二十五年铅印本)

(一)卷次：卷四十九《文献志·金石·虞夏》

1. 方足布　录泉缘阁二品。

(1)

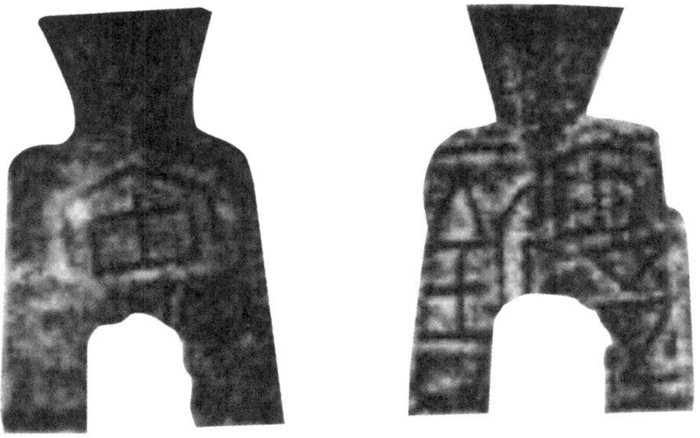

方足布①

① 方足布拓片原在《重修莒志》第四十九卷之首，为方便阅读，移置于此。

文自右读，面背无郭。《管子》有“虞荚〈策〉乘马”及“请问币乘马”云云。《路史》以此币当之，考据家多从其说。《赎金释文》：乘之为言四也，犹四矢曰乘矢，四壶曰乘壶之类。此取“四马为乘”之义。充者，当也。“化”乃“货”字之省，《书》“懋迁有无化居”，从化去贝，可证。“乘充化金”言此布可充当直四枚之货金。“五二十”，李竹朋《古泉汇》云：“五”谓一枚可直一金之五枚，“二十”谓二枚可直一金之十枚。其说与前释文不符，未知孰是。按：“尚”乃“当”字之省，“爰”乃“锾”字之省，此布为赎罪之锾则明矣。

（2）

文从右读，面背无郭。《路史》：舜禹皆都安邑。可知为虞夏时物。“一金”言直一金也。按：上二布文有倒书，或背有字，皆作赎金专用。此布背有“安”字，《赎金释文》言所以别于倒书者也。不识不知之民，岂谙文义？正书倒书，布之贵贱分焉。即背文以示区别，俾易识而毋滥用。前民利用之精意寓焉。

(二)卷次:卷四十九《文献志·金石·商》

1. 鱼觚

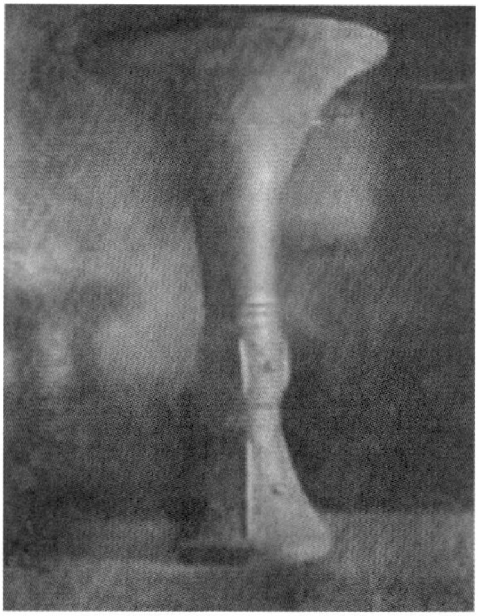

商代鱼觚①

鱼觚铭

高一尺四寸二分,口径六寸,腹足作雷文,中有目形。铭在足底内旁,周身翠黝如漆,赤藓攒散若点朱,古厚斋皇之气,耀目可赏。冯云鹏氏云:鱼者,人臣之名,此奉命而作觚者,文甚简,必商制也。古文"命"字有作者,此与相似。汀沟庄于经武收藏。

2. 辛剑

右剑自锋至镡共长汉尺一尺八寸。款二字,近剑首与两腊之间,篆法简古,从右读。陶隐居《古今刀剑录》:夏孔甲在位三十一

---

① 鱼觚器形与铭文照片原在《重修莒志》第四十九卷之首,为方便阅读,移置于此。

年，以九年岁次甲辰，采牛首山铁，铸一剑，铭曰“甲”；殷太甲在位三十二年，以四年岁次甲子，铸一剑，长二尺，铭曰“定光”。据此，凡铭识一二字者，多属夏商之器。按：《史记·殷本纪》帝祖乙立，殷复兴，巫贤任职。祖乙崩，子祖辛立。其他尚有以“辛”纪者，曰“小辛”，曰“廪辛”，再则“受辛”，似皆与此铭无关，则此剑当为祖辛所铸矣。大店庄陔兰收藏。

(三) 卷次：卷四十九《文献志·金石·周》

1. 中驹敦

录旁中駒
父作中姜
敦子=孫=永
寶用享孝

敦连盖高一尺二寸，腹径六寸，口径三寸四分，盖高四寸五分，顶方二寸五分，腹径三寸五分。重十六斤八两。汀沟于耕夫藏。《莒志述遗》。

右铭“录旁”二字义不详。薛氏《钟鼎款识》尹卣铭中“王初祭旁”，释之曰：言“旁”者，如《书》之言“哉生魄”“旁死魄”之类。似亦未见适当。“录”为“禄”字省文，福也。《诗》言福禄多不别。《商颂》五篇，两言福，三言禄。《释诂》《毛诗传》皆曰：禄，福也。旁，《博雅》：大也，广也。当即“锡兹祉福，惠我无疆”之义。薛氏书载此器三，铭与此同，其释文兹不备录。按：此敦之盖内亦有铭，惟紫藓苍斑，层叠固结，藏者不能辨识，无从据以登载耳。

2. 宰鼎

宰口室父己

右鼎身高八寸八分，径圆二尺五寸有强，耳高一寸八分，斩锷简古。腹中有铭一行，藓斑土花，剥蚀晕变，仅能辨识“宰室父己”四字。考《周礼·天官》，立天官冢宰，使帅其属，掌邦治；《地官》有里宰，掌比其邑之众寡，与其六畜兵器。按：款识有亚形及“室”字者，皆属庙器。“父已”者，盖子为其父己作此耳。清光绪年间，沂水羊枣胡同出土，大店庄晒熙收藏。

3. 编钟

右钟高七寸，甬无饰，带无枚，制作简古。右铣有鸾形，实即字也，旧释作“鹿”，似不类。清光绪甲午，沂水羊枣胡同出土，大店庄恩泽收藏。

4. 曹公子戈

曹公子子沱之
艁戈

曹公子戈①

---

① 曹公子戈照片原在《重修莒志》第四十九卷之首，为方便阅读，移置于此。

右戈广二寸，内长二寸八分，胡长三寸九分，援长五寸。其铭在胡，二行，共八字，第七字作“鋯”。是戈在李雪庐处见拓本，有安邱赵孝陆氏释文，“鋯”释曰：当系“错”字，与错刀之“错”同义。《说文》：“错，金涂也。”意此戈有金饰其上，或系“铦”字。铦，利也。又曰：鋯，疑“造”字，或为“雕”字。按：《金石索》载有二戈，一周芊子艁戈，为冯敏昌氏所藏；一郲太师□□之艁戈，为黄小松氏所藏。艁作[illegible]形，桂未谷氏释为“造”字。冯晏海氏曰：济南神通寺千佛崖题壁云“显庆二年，南平长公主为太宗文皇帝敬艁像一躯”“显庆三年，青州刺史赵王福敬艁弥陀”之类，“造”皆作“艁”，引以为据。此戈之“鋯”释为“造”字，自属确当。考颂鼎，“造”作“[illegible]”，“[illegible]”与金、[illegible]与[illegible]皆形似，可知为“[illegible]”字之变体。又“[illegible]”右戈，“造”字作“[illegible]”，更足证“鋯”即“造”字无疑。清季邑西南鄗地出土，大店庄恩泽收藏。

5. 左军戈

朕作左
軍巷戈

右戈广一寸八分，内长三寸，胡长四寸，援长四寸九分。款识隆起，不作阴文，在内正书。识上方有穿一，胡上平列穿三。《金石索》载，曲阜颜心斋氏藏高阳左戈一，汉阳叶东卿氏藏高阳左戈一，又摹有栾左军戈一。此戈首曰“朕”，考《说文》，“朕，我也”，古无贵贱皆称之。然他戈皆冠以国名，或冠以姓氏，此但曰“朕作”，明与列国所作有别也，故疑是王畿之物。大店庄厚泽收藏。

6. 束夷戳

束
夷

右戳锋长八寸，柄长五寸。近柄处有两翼左右出，各长二寸五分。柄中有穿，款识居右方。按："束"乃"刺"字省文，与古布同。《尚书・顾命》篇"一人冕，执瞿"，即此。《周书》郑康成注云，"瞿，盖今三锋矛"。观其字体，亦可知为周器，但不能定其为何国之物耳。大店庄厚泽收藏。

7. 燕节

燕节①

右节长一寸二分，作燕形，振翼张尾，颔下有穿，可系组紃。燕两目嵌赤金，尾后有方版，版之中间突起如脊，当系符节两相合对处。正面平列"候行"二字，在脊左右，其右侧一"左"字，左侧一"节"字，篆书，俱为赤金嵌成。莹然之光，与苔斑紫翠互相掩映。制同新莽之金错刀。按：《周官》有"候人"，以节逆送宾客。燕为

---

① 燕节照片原在《重修莒志》第四十九卷之首，为方便阅读，移置于此。

候鸟，故取其形，以为之节，昭其信也。陈硕甫《毛诗传疏·候人篇》首章疏云，《周礼·候人》："若有方治，则帅而致于朝。及归，送之于竟。"此主送宾客也。《周语》：敌国宾至，关尹以告，行理以节逆之，候人为导。此主逆宾客也。《左传》宣十二年，随季对楚使曰："岂敢辱候人？"是侯国亦有候人矣。清光绪辛丑，穆陵关前出土，现归大店镇庄恩泽收藏。

8. 方足布　录泉缘阁六品。

(1)

公

背

川

面背有郭，面两直文。首双尖左右歧出，两足间作人字形，较异他布。义未详。李竹朋云："公"或取"公所"之义，如"公府""公田"之类。

(2)

涅|金

形同公布而差大，字平列，从左读，背中直文一，斜文二分出。冯氏《金石索》释"汤金"，谓是商汤之币。按：此布之"涅"字，左旁日土分明，不难辨识，且字体不及商器款识之古穆，冯氏之说，似不足据。《吉金录》考《水经注》"涅阳在西北岐〈歧〉棘山东"，春秋属邓国，战国秦壤邑，当系是地所铸，较为近理。且多有小布"涅"字者，或系一时所出，亦是一证。

(3)

陽|平

品甚繁多，篆法互异，文有从左、从右两类。面背有郭。《春秋》宣公八年"城平阳"，注"东平阳"。《左传》哀公二十七年"公及越后庸盟于平阳”，注“西平阳”。《史记·秦本纪》“桓齮攻赵平阳”，应劭曰：在平河之阳，尧所都也。当非一处所铸，然为春秋后物则可无疑。冯氏谓是高阳之布，则误矣。

(4)

面背有郭。文从右读。《左传》昭公二十三年“二师围郊，癸卯郊鄩溃”，注“鄩，周邑”。《汇考》释为“鄤”，云《左传》“戎蛮子”，《公羊》作“戎曼子”，此加“邑”旁，亦颇近似。

(5)

面背有郭。文从右读。此品甚多，字体亦异。然“马”字皆是传形，“艮”即“服”省。“吕”即“营”省。营者，市居也。《史记》：赵惠王二十九年，使赵奢击秦，赐号“马服君”。《括地志》：马服山在邯郸西北。

(6)

面背有郭。文从右读，字体简古，有殷墟遗文之风。品不一，“畿”字有作两幺、中间一王者，或一土一十者；“城”字有上作一□、下一十者，或一上一丨者。李竹朋《古泉汇》谓为王畿内所铸之物也。

9. 空首布　录泉缘阁二品。

(1)

形似铲，上有首，内空，中有穿。面背有郭，俱有三竖文。“安”取“物阜民安”之义，“藏”取《周礼·外府》注“行曰布，藏曰泉”之义。《吉金录》谓，空处纳柄，抱以行市，引《诗》“抱布贸丝”为证。《货布文字考》谓空处纳竹签，从穿孔横贯其签，令无脱。说俱近理。此布多从中州出土，故疑是宋卫之物。《古泉汇》。

（2）

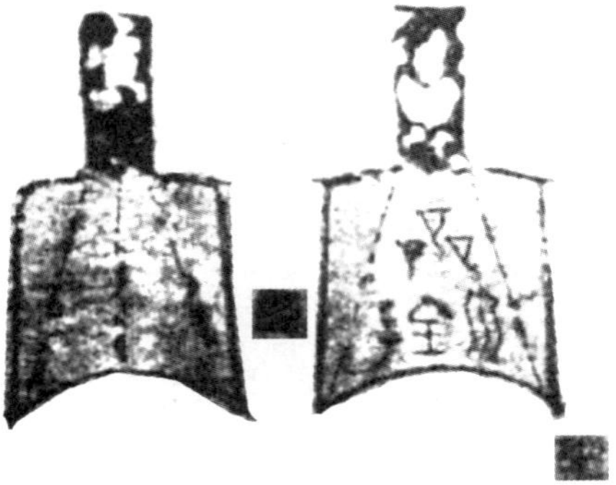

齊

化金巛

空首布①

形与前布同。“齐”作形，“巛”字不见于古篆。李竹朋谓，汉碑《杨孟文颂》“巛灵定位”，“坤”作“巛”。坤即地也，犹云齐地之金化。按：此类布，以地名纪者甚多，如“卢”字、“宋”字、“成”字、“向”字等，可信为列国时物。

10. 尖足布　录泉缘阁二品。

（1）

面背有郭。文从右读。今河南有商城县，考《地理志》，春秋时

① 空首布拓片原在《重修莒志》第四十九卷之首，为方便阅读，移置于此。

属吴雩娄邑，宋建隆初，始改商城，非此地物，明甚。愚意当是宋布。宋为殷商旧墟，城则邑之统名也。空首“商”字布，应与此布为一处所铸。《古泉汇》。

(2)　甘丹

面背有郭。文列左方，正读。此布较大。甘，“邯”字之省；丹、郸谐声，亦省文也。邯郸，春秋时卫邑，后属晋，战国属赵，敬侯自晋阳徙都于此，《国策》“秦王使王龁代王陵伐赵，围邯郸”。《文字》考释为“甘井”，引《史记索隐》“属涿郡，战国时为赵地”。然则此布为赵地之物无疑，但地名释者各异耳。

11. **刀泉**　录泉缘阁二品。

(1)

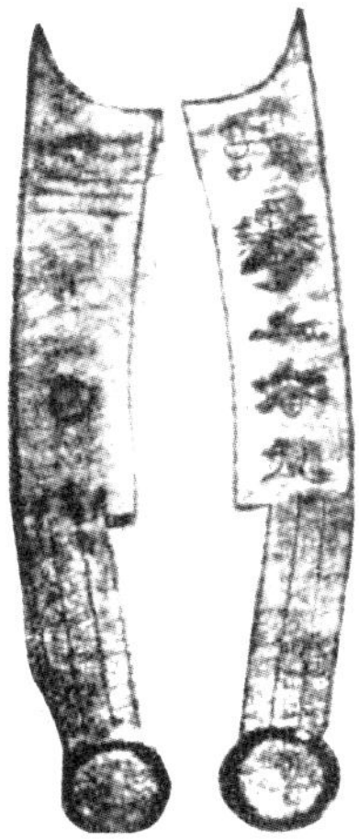

齊建邦就法化 背 三横一上

齐刀①

---

① 齐刀拓片原在《重修莒志》第四十九卷之首，为方便阅读，移置于此。

《西清古鉴》：亝，古文“齐”字。二、三字或释“造邦”，今释为“建”，亦“造”字之义。“邦”字，刘青园谓传形，信然。四[字]或释为“始”，今释为“就”。“法”字省水旁，“货”字省贝，与古布同。“法化”言法制所关，犹云齐建邦初就时之法货也。背三横非文字，诸刀尽同。此类刀皆出齐地，其为太公九府旧制无疑。三字者多，四字者少，六字者更少。盖始铸文义较繁，后遂渐归简易也。《古泉汇》。

（2）

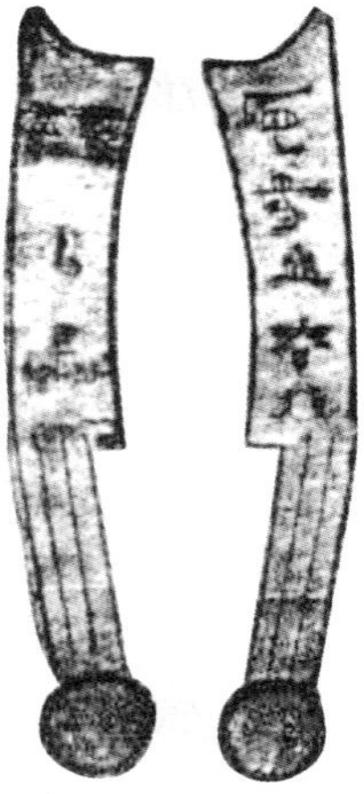

安易之去化 背 三横 个 上

安阳刀①

“安阳”省“阝”旁，与布同。《吉金录》：安阳属秦晋，乃此刀亦曰“安阳”，与齐刀规制无二，似齐别有安阳矣。《春秋》成公二年“及齐师战于鞌”，注“齐地”。古多省偏旁，“阳”作“昜”，“法”作“去”，“货”作“化”，则“鞌”亦可作“安”。加“阳”字者，亦犹布中之“陶”曰“陶阳”，“亓”曰“亓阳”耳。刘燕庭云，《后汉书·赵彦传》

① 安阳刀拓片原在《重修莒志》第四十九卷之首，为方便阅读，移置于此。

“莒有五阳之地，宜发五阳郡兵讨之”，注：城阳、南阳、武阳、亓阳、安阳也。安阳，莒地，齐莒谓之刀，安阳刀即莒刀也。齐、莒相近，故规制相同，且今尽出吾乡，尤可信。《古泉汇》。

背三横，无文义。“↑”，《金石志》释为“丁”字，或记次第之文。“上”亦记次第之文，小刀中有“中”“下”字者，可证也。

12. 列国小刀　录泉缘阁二品。

(1)

城
背
十

是类刀较齐刀略狭小，首斜平，亦以地纪。“城”字上作H，下作土，与方足布“几城”之“城”字相似。考春秋地名，新城者数处，晋、郑、宋、秦各有之。《史记》秦昭襄王二十五年“拔赵二城，与韩王会新城”。按：此类刀多出燕赵间，可断为赵地所铸之物。背之“十”字或取“流通广布”之义。有“明”字者最多，“白货”“邯郸”字者较少，“城”字者尤为罕见。

(2)

丙
背
己

刀较“城”“明”各刀略宽，长首尖身，磬折形，异列国各刀。字倒书。李竹朋谓：燕市所见颇多，与“明”“白货”“邯郸”各刀同出直隶境内，其为燕赵之物无疑。按：布刀多以地纪，此面背各字似是纪数，见有“二”“三”“五”“六”“七”“八”“九”“廿”“乙”“丁”“壬”“卯”者，可以取据。

13. **圜币** 录泉缘阁四品。

(1)

化 寶

径圆九分，面肉好俱有周郭，背平。“宝”字作古篆，“化”乃“货”省，与布刀同。《汉书·食货志》：“太公为周立九府圜法，钱圆函方。”郑樵《通志·六书略·古今殊文图》云：“周圜法有‘货’字。”此钱为初周之物无疑。按：是类钱有“四化”“六化”，以次扩大。“四化”约一寸二分，“六化”约一寸四分强。《国语》景王铸大钱，单穆公谏，不听，卒铸之；《汉书》景王患钱轻，更铸大钱，曰“宝化”。“四化”“六化”乃景王始用，此钱广其文耳，是又一证。

(2)

周 西

面背俱无轮郭，好方，背平。《史记·周本纪》：“王赧徙都西周。”此亦周京旧物。

(3)

垣

钱径大与“宝六化”等。面背无郭，孔圆。《史记·秦本纪》：垣为七国时魏地。

(4)

刀 明

面背无郭，好方，背平。径与“宝化”等。字正书平列。《史记》：秦昭襄王“二十五年，拔赵二城，与韩王会新城，与魏王会新明邑”。新明邑者，赵之明邑也。按：列国小刀，多有铸“明”字者，字体吻合，当与此系一时一地所出。

14. **圆足布**　录泉缘阁二品。

(1)

面背周郭，文义不详。《吉金录》引《水经注》“湘浦北有万石戍”。按：《一统志》，万石戍，列国属楚。或即芈氏故物欤？《古泉汇》。

(2)

面背平无郭，字平列，文义不详，字体古穆，可断为周制。

莒地为殷周旧封，金石所萃，比年筑路、凿井，时见古物，尤以泉币为最。邑人颇有藏者，惟大店庄湛然之泉缘阁搜捃甚富，上自三代，下迄明清，旁及厌胜、僭号、希品，如新莽之五泉、十布，南宋之铁钱、铜牌，靡不皆备。爰录其三代精品，秦以后品类过繁，非本志所能备载，故略之。

(四) 卷次：卷四十九《文献志・金石・秦》

1. 二世权

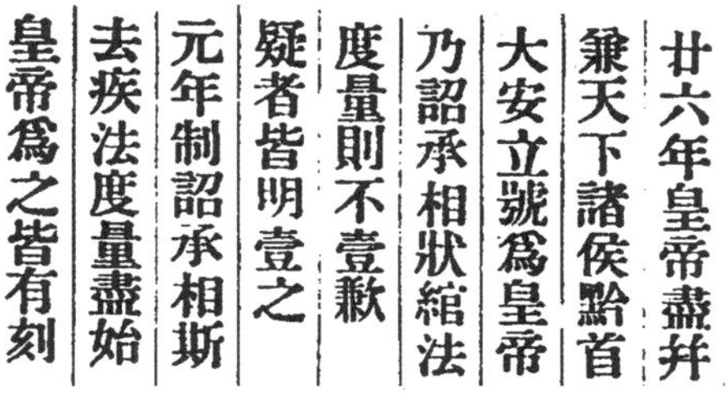
廿六年皇帝盡并
兼天下諸侯黔首
大安立號爲皇帝
乃詔承相狀綰法
度量則不壹歉
疑者皆明壹之
元年制詔承相斯
去疾法度量盡始
皇帝爲之皆有刻

辭焉今襲號而
刻辭不稱始皇帝
其於久遠也如後
嗣爲之者不稱成
功盛德刻此詔
故刻左使毋疑

右权据拓本以载，高可二寸，径及量则不可计也。字十五行，共百字，篆书。按《史记·秦始皇本纪》，二十六年，始皇帝平定天下海内，除谥法，自号皇帝，一法度衡石丈尺。二世元年春，东行郡县，尽刻始皇帝所立刻石，皇帝曰："金石刻，尽始皇帝所为也。今袭号而金石刻辞不称始皇帝，其于久远也。"《金石索》云：据权之文云"故刻左"，《史记》"石"字当为"左"字。承〈丞〉相绾、斯、去疾者，乃王绾、李斯、冯去疾也。庄恩泽得之于浔河之滨，今归安邱赵孝陆氏矣。

(五) 卷五十《文献志·金石·汉》

1. 弋阳令印

弋陽
令印

右印铜质瓦钮，方一寸，高三分，钮高五分。篆书，白文。清代光绪年间，林后庄农民耕田得之。按：《汉书》弋阳县有二，其一属左冯翊，至景帝，更名阳陵，故城在今陕西咸阳县东；其一属汝南郡，曹魏时始改为弋阳郡，故城在今河南潢川县西。此印究为何地之弋阳，未能断定。大店庄眪熙藏。

2. 军曲候印

右印铜质瓦钮，方一寸，连钮共高九分。按：《后汉书·百官志》，大将军营五部，部校尉一人，比二千石；军司马一人，比千石；部下有曲，曲下有军候一人，比六百石。大湖周兴南藏。

3. 镜鉴

（1）太山神人镜

泰山神人镜①

---

① 泰山神人镜拓片原在《重修莒志》第四十九卷之首，为方便阅读，移置于此。

镜径八寸。背中有钮隆起。外界方罫二重，内铸十二辰字，每字间乳一枚，数为十二；罫之外，四面又各列乳二枚，围以麟凤龟龙之象，再围以铭，与十二辰字皆篆体。铭外周微陷，中作波纹，波外周复突起，作山文；更外为夔凤之文。极边有郭，紫翠交辉，斑驳耀目，众乳灿若列星，四灵各有腾拿之状，洵为镜中之精品。大店庄恩泽藏。

（2）驺氏镜

镜径五寸七分,绕钮作驺虞形,长尾缭绕,有腾骧之态,间以苜蓿异草。铭篆书,外复有波纹、山纹三匝。极边有廓。按:《说文》,“驺,厩御也。主驾车马之事”。《左传》成十八年,“程郑为乘马御,六驺属焉。使训群驺知礼”。《周礼》趣马统于驭夫,驭夫统于厩之仆夫。故约言之曰厩驭。又姓,《史记》云越王句践之后,《路史》云小邾子后。此镜之“驺”字,是官是姓,原有两说。然玩作者铭辞,“驺”字似是官名。又《玉篇》“驺虞,义兽,至德所感则见。马之属”。其时天马、苜蓿来自西域,掌之者铸形其上,颂祷国休,亦以自矜宠尔。大店庄恩泽收〈藏〉。

(3) 十玺十鼓镜

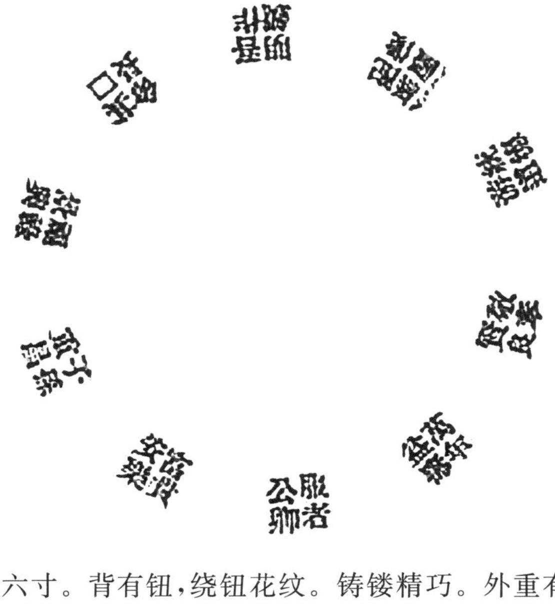

镜径六寸。背有钮,绕钮花纹。铸镂精巧。外重有玺十、鼓十。玺各有铭四字。篆文细如毛发,仅可辨识。玺之下各有蝙蝠一,作欲翔之状。两旁复间一小圆圈,再外有凸凹花纹两匝。

极边有平廓。按：此镜于李雪庐处见有拓本，惟铭字细小，未能清晰。今据《莒志述遗》所释登载，闻其第十玺次字已被磨莹，不可强释云。清同治六年，莒东乡村人掘土得之，今归张家庄张绪远收藏。

（4）杨中羊镜

镜径六寸。绕钮双环。环外虬龙蹲踞，作攫拿之状。复圜以双线，铭篆书，铸于双线内。再周陷下作波纹，波外复平起作山纹。外周四方各一钱形，惟下一钱为五铢文，余皆不可辨，间以鼠、兔、豕、象、鱼、鸟、宝瓶之饰。极边有廓。按：汉之镜铭，文虽小异，旨多相类，如此者盖不常见。细玩铭辞，似是当时婚礼用物，篆法奇古，犹带史籀遗意，诚可珍也。其第二十八字为苔藓剥蚀，已不可复识。林后庄浔水南岸出土，大店庄恩泽收藏。

（5）朱氏镜

镜径七寸，绕钮列十二辰，每字间乳一。双线方罫二重，罫外各方又列乳二。翔龙舞凤，缭绕八表。复圜以双线。铭篆书，铸于圜内。外又花纹三匝。极边有平廓。此镜制造，大致与太山神人镜相似。民国戊辰，大店农人掘地得之，不知后归何人。于李雪庐处见有拓本。

（6）日光镜二

镜径五寸，绕钮有单线方罫，外有双线大方罫。两罫四角距处，各有小方罫。铭八字，篆书，方体。罫外微陷，至边复突起，突陷交处，作光芒环射之纹。大店庄恩泽藏。

镜径二寸五分，绕钮圆线三匝，无花纹。铭篆书，作卧蚕之势。极边有廓。大店庄余珍藏。

（7）太山镜

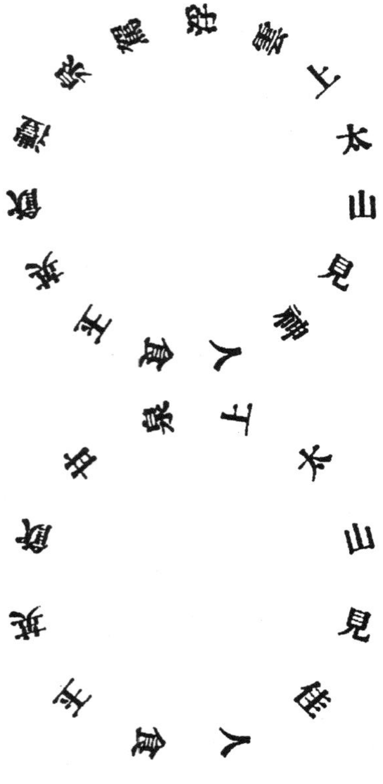

第一镜径六寸，花纹与太山神人镜大略相似。惟内罫无十二辰，亦无龙凤之饰。第二镜径四寸三分，绕钮铸四灵，无乳及波山之文。极边轮廓有二，是其异处。均为大店庄恩泽藏。

(8) 黄羊镜

镜径四寸。绕钮铸飞鸿，翱翔有姿。外围列八玺，每玺间石鼓一。制同十玺镜，惟每玺只一字耳。大店庄长泽藏。

(9) 青羊镜

镜径五寸三分。绕钮双环，缀以星文。外列四乳。四灵盘错，腾拿生动。再以波纹、山文、云文三匝其外。极边有廓。大店庄氏藏。

（10）美阳镜

镜作六葩菱花形，径四寸。铭一行，篆书，居镜之中。旁有庆云之饰，左升右降。无钮，于下端置柄，以供把握，长三寸二分。铸有章和年月八字。此亦镜中之异品。按：美阳乃汉之县名，故城在今陕西武功县西南。大店庄恩泽藏。

（五）卷次：卷五十《文献志·金石·魏晋》

1. 雪月回纹镜

镜径五寸八分，绕钮云文。铭篆书，回环可读。从“雪”字右旋，曰：“雪河澄皓，月波清晓。”再从“河”字起，读曰：“河澄皓月，波清晓雪。”“澄”字以下类推，可得诗八首。若从“雪”字左旋，曰：“雪晓清波，月皓澄河。”从“晓”字再起，下读如前，亦可得诗八首。其构制之巧，全由韵母相对，故仅八字，而有匪夷所思之妙。大店庄恩泽藏。

按：张子青司马祥云，藏有避兵厌胜钱一枚，其制同此而尤精，特附录于后，俾见匠心之妙运焉。钱大小如今钱，肉倍于好，而好圆状如璧，不作孔方。内外郭。钱上小方鼻劣容穿，可佩带。下作一环，环杀钱六分之一，堪系缀他物。面幕各四字，字空四角，填乳星凡八。文小篆体，皆纵横颠倒，左旋相追逐。尝见蓬莱初氏著《吉金所见录》，载此钱于厌胜品，名“辟兵钱”。钱面四字，曰“辟兵莫当”。“辟”字居右正向下，“兵”字近环居下横向左，“莫”字居左倒向上，“当”字居上近方鼻亘向右。钱幕四字，曰“除凶去央”，则“除”字横上向右，与面之“当”字颠倒为阴阳；“凶”字立右向下，与“莫”字颠倒为阴阳；“去”字卧下向左，与“兵”字颠倒为阴阳；“央”字悬左向上，与“辟”字颠倒为阴阳。钱阴谓之幕，幕四字。“央”即“殃”省其左，而“除”字左“阜”、“兇”字左脚皆反篆，类传形，以是知为钱阴也。何以起“除”字读？“除”对“当”字，“央”对“辟”字，一气暗接，阳尽阴起，阴极阳生也。虽只八字，而音节蹙速，如古弹歌，用法读之，则非止二句、四句而已也。读法曰：辟兵莫当句，除凶去央句。此是二句。曰：辟兵句；莫当句；除凶句；去央句。此是四句。或曰：除凶句；去央句；辟兵句；莫当句。亦是四句而各别，又有妙焉者。“除”“凶”“去”“央”，字字是韵，触处为首，循环无端，曰：除凶一；去央二；凶去三；央除四；去央五；除凶六；央除七；凶去八。此是八句。若再连面文“辟”“兵”“莫”“当”字，顺逆旋复，雅衔虵蜕而读之，则十句、二十句不止矣，案：“辟”字有弭、僻二音；“莫”“幕”字通，有“觅”音；“辟”“莫”音亦叶。并复成文，通读之，可得六十四字。而又有妙焉者。合面幕阴阳而反复读之，曰：辟面阳。央幕阴对。除幕阴对。当面阳对。莫面阳接。凶幕阴对。去幕阴再接。兵面阳对。或曰：辟阳正。央阴倒对。兵阳横。去阴颠对。莫阳倒。凶阴正对。当阳横。除阴颠对。或曰：去阴。兵阳。莫阳接。凶阴。除阴对。当阳。辟阳接。央阴。或曰：莫阳。凶阴。当阳接。除阴。辟阳再接。央阴。兵阳三接。去阴。再推再有，亦无不成文而叶韵也。韵者，当除两字在钱鼻下，俨对为起韵之母。读法不出此二韵。案：今韵“兵”“凶”字各韵，而古韵皆通“阳”。《诗》“击鼓其镗，踊跃用兵”，《春秋传》是谓“沈阳可以兴兵”，则“兵”通“阳”也，读若“帮”。“兇”“凶”字同，《易》之“凶”字多韵“阳”。《庄子》：“天有六极五常，帝王顺之则吉〈治〉，逆之则凶。”陆贾《新语》：“怀德者应以福，挟恶者报以凶。德薄者位危，去道者身亡。”则“凶”通“阳”也，读若“香”。今韵除平去二声，去上去二声，而古韵皆通。《诗》“风雨攸除，鸟鼠攸去”，又“昔我往矣，日月方除，曷云其还，岁聿云莫”，《天保》篇“何福不除”叶“亦孔之固”“以莫不庶”，《春秋传》“千乘三去，三去之余，获其雄狐”，则“去”“除字”平上去三韵通也。区区一钱而安章宅句，奇妙如许，推求吟绎，玩味无穷。梁简文之《纱扇铭》，沈休文之《研铭》，何以加兹？古人制作不苟，所由可贵也。《窥陈睨拾》。

2. 水银镜

镜径一尺五寸，绕纽一圜，画八卦之象；外一圜按方铸十二属神之形。再为铭，篆书；外层复有虺文；周郭作菱花式。圆径之大，于古镜中此为仅见。按：《金石萃编》载有此镜，"保永"释曰"永保"，"呈"字释曰"星"，"舄"字释曰"为"，"气"字释曰"寿"，字形语气皆觉不类。且释文从"永保"起读，尤为聱牙。细玩此铭，显然五言为句，若自"水银"起读，则文从韵叶矣。所见如此，尚俟博雅。大店庄恩泽收藏。

(六) 卷次：卷五十一《文献志·金石·唐》

1. 秦王镜

镜径六寸。绕钮天马四匹，骧首耸鬐，有骠逸之势。外围以铭，正书。无他花纹。极边仅有狭郭。按《唐书·太宗本纪》，武德元年，进封秦王。细玩铭辞，此镜当系秦王宫人所铸，借古事以纾丹诚，非泛咏秦镜也。镌马其上，亦以颂其武功耳。城阳镇孙铭收藏。

第十二章　临沂市古方志载青铜器资料辑录(16 条)

一、(光绪)《费县志》16 卷(清光绪二十二年刻本)

卷次：卷十四上《金石上·金》

1. 豆

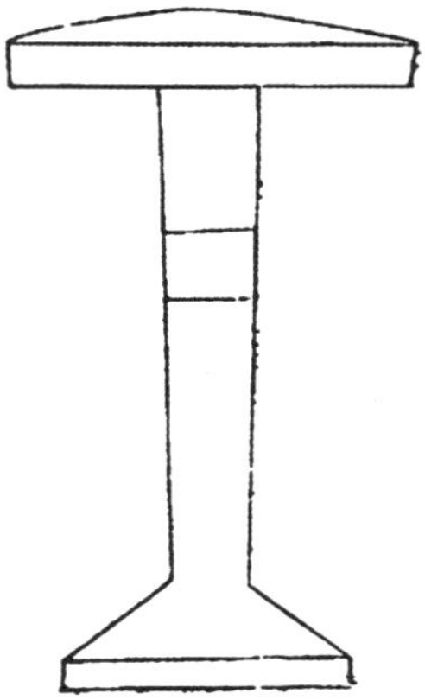

右铜器，通高工部营造尺八寸五分强，当东汉建初虑俿尺，即周尺一尺二寸。口径五寸七分，当周尺八寸。足径四寸四分，当周尺六寸二分。深六分强，当周尺八分。校围三寸六分，当周尺五寸强。足高一寸五分，当周尺二寸一分。重广平一百一十二两。按：《尔雅》有竹豆、木豆、瓦豆，无铜豆。而近代吉金文字，豆每与尊彝并列，则铜质者多矣。《公羊传》注："豆状如镫。"

《西清古鉴》所载铜豆多至十余，皆深而圆腹。后有一器，铭曰"旅铺"，平浅与此略同。但此器足校之，制皆与豆合，盖豆之异者。出颛臾古城土中。又按《尔雅疏》："对文则木曰豆，瓦曰登，散则皆名豆。"《广韵》："豆有足曰锭，无足曰镫。"然则豆之名所赅甚广，其曰锭曰镫者，皆范金为之也。存参。

2. 铜

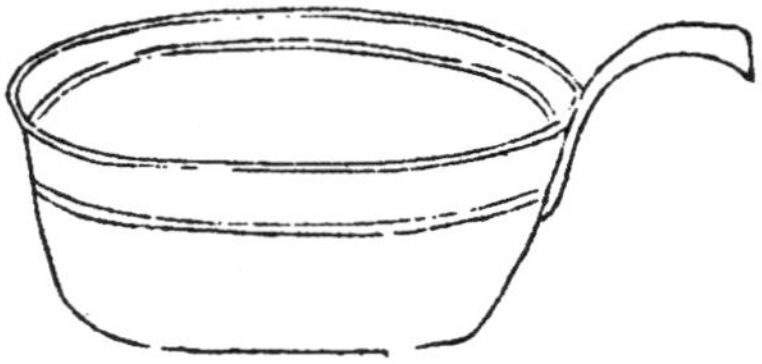

右铜器，高工尺三寸二分，当周尺四寸四分。余类推。深二寸九分有奇，足二分弱，口径七寸四分有奇，腹围二尺一寸九分，柄长二寸七分。俱工尺。腹及口内皆有弦纹，底有圆晕。重五十五两。色黝黑，微露深碧。光绪己丑，鄪城西北古墓陷，出诸土中。惜无铭字可考。按《说文》："铜，小盆也。从金，肙声。"一曰无足铛。恭阅《西清古鉴》，只载素铜一，题为周器，形制与兹相同。又《魏武帝器物表》有四石、五石铜铜。又《博古图》梁山铜无柄，惟兹器与周素铜无少异，但多三短足耳，亦可谓之铛。近古费城出土，故亦拟为周器云。

3. 甗

右铜器土人所得。高工尺五寸一分,当周尺六寸八分强。余类推。自口至隔深四寸五分,底高五分,口径八寸一分,边外出阔三分。边下一寸作弦纹。纹下左右两耳,横长二分,下有环痕。耳上作盘云、饕餮纹。底径四寸四分强。俱工尺。隔作箄形,十字中分四区,区各九隙。重五十四两。恭阅《西清古鉴》,载商甗一,有铭;周甗二十三,有铭者十一,无足者七,与兹器略同。按:甗,《集韵》"语蹇切,音巘"。《说文》:"甑也。一曰穿也。"杨子《方言》:"甑,自关而东谓之甗。"《周礼・冬官・考工记・陶人》:"甗实二鬴,厚半寸,唇寸。"注:"甗,无底也。"《正字通》:《博古图》"甗之为器,上若甑,可以炊物;下若鬲,可以饪物。盖兼二器而有之。"《考工记》郑注谓"无底甑"。王氏安石曰:"从鬳从瓦。鬲献其气,甗能受之。"是知甑无底者言其上,鬲献气者言其下。《说文》止训为甑，举其具体言之耳。周有盘云饕餮甗，此器耳上即此纹。汉有掩耳甑，皆铜为之。《方言》：梁谓甗为鉹。鉹从金，则甗未必皆陶器也。惟古制多无底，周甗有箄，象风纹，不可开阖，一种与此相同。又古制，耳俱高出口上，此在两旁弦纹下有环痕，形制日趋巧便，上口厚只分余，系出何代，未可定。要之，此器之末造也，次铜后。

4. 高阳剑

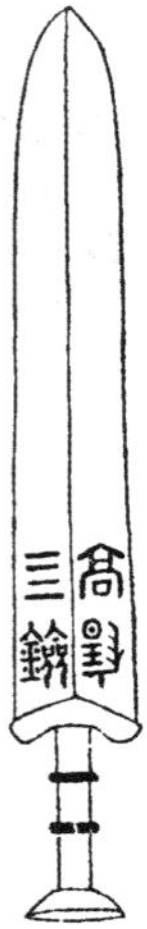

右铜剑，县东乡人所得，长工尺一尺有奇，当汉尺一尺四寸弱。阔一寸五分。当汉尺二寸。铭曰“高阳四剑”。按：《积古斋款识》周戈有“高阳左”三字者，有“高阳”二字者。阮元云《左》文十八年传“高阳氏有才子八人”，杜注“高阳，帝颛顼之号”。春秋时，邾、莒、麋、楚诸国，皆高阳苗裔。《通志》载，以名为氏者有高阳氏，引《吕氏春秋》古辨士高阳魋，则此高阳乃作戈之氏也。又云，此戈云“高阳左”者，或高阳氏之诸侯左右二戈之一戈。此剑与高阳戈铭字正同，若高阳氏诸侯所用，则郏、莒俱与鲁为邻。郏，今邹县，与鲁交兵多，在曲阜南。惟《左传》昭公二十三年“郏人城翼，还自离姑，武城人蹶之”，是翼地当在武城东南。莒，今莒州。《春秋》襄公十二年：“莒人伐我东鄙，围台。”杜注：“费县南有台亭。”然云东鄙，未必不在费东南。楚距鲁远，《春秋》除庄公三十六年以楚师伐齐外，无交兵事。然周末鲁为楚灭，是郏、莒、楚皆高阳苗裔，用兵皆入鲁境。而围台之役在费境内，尤确。此或行军所遗欤？四剑云者，如越王允常聘欧冶子铸名剑，一曰纯钩，二曰湛卢，三曰豪曹，四曰鱼肠，五曰巨阙。或以垆冶之先后，或以尺寸之长短，虽未可臆断，大约不离乎此。

5. 刘氏长宜子孙镜　纹细不能摹。

右铜镜。光绪辛巳，耕者于东固村河东土中得之。面径工尺四寸八分，当汉尺六寸五分弱。背径四寸四分强。当汉尺六寸。

铭内层四乳间作龙凤纹，铭外至边又四层。铭二十字，云：“刘氏作竟明如日月世少有仙人不知老长宜子孙。”按：《博古图》汉尚方竟铭无出姓氏例，且亦不似士大夫家口吻。当前汉时，刘贞（南城侯，城阳共王子）、刘方（蕡侯，颜师古注：“蕡”即作“费”。城阳项〈顷〉王子）、刘敞（平邑侯，鲁孝王子）、刘闵（平邑侯，东平思王孙）封域皆在县境中，而此镜出土处，距古费城尤近。铭云“刘氏作竟”，当是尔时王侯宫府中物。

6. 神人镜　纹细不能摹。

右镜径工尺四寸三分。当汉尺六寸弱。铭十八字，曰：“上大山，见神人，食玉英，饭澧泉，驾文乘浮云□。字疑。”铭之内圆晕一层，内作麟、凤、龟、龙、白虎之象，间以五乳。内圆晕两层，圆晕内钮之外，有七小乳，间以花纹。铭文外圆晕一层，外有细横纹，横纹之外作锯齿状，皆外向。锯齿之外又圆晕一层，边双钩，作龙螭之状，节节相连。东乡农人所得，今藏东埠王氏家。恭阅《西清古鉴》及《宣和博古图录》均有汉神人鉴，与此铭文大同小异。“大山”即泰山，“澧”，“醴”之借字也。第四字乃“见”字，上画隆起者，笔势偶殊耳。《宣和图录》释为“竟”，误矣。

7. 长宜子孙镜

右铜镜，径工尺三寸七分，当汉尺五寸。作菱花纹，内层四字：“长宜子孙。”外层四字：“生如金石。”俱篆书。外层字小，体匾，有隶意；内层字大，体长，用悬针法。冯氏《金石索》云：“曹喜始作悬针书，而莽时货布又每用悬针。曹喜，东汉人。此篆体作悬针书，当是前汉以后物。镜出郎城土中。”按：郎非一地。《春秋》隐元年：“费伯帅师城郎。”是远地之郎，在今鱼台境；九年城郎，是近郊之郎，在曲阜。费地之郎，今俗呼为“六郎城”，其实当作“鲁郎城”。此镜铭字俱汉制，然城小，不似汉时置县规模，当是春秋时，邑主名则无从考定耳。

二、(民国)《临沂县志》14 卷(民国六年刊本)

卷次：卷十二《金石·金》

1. 周陈逆簠

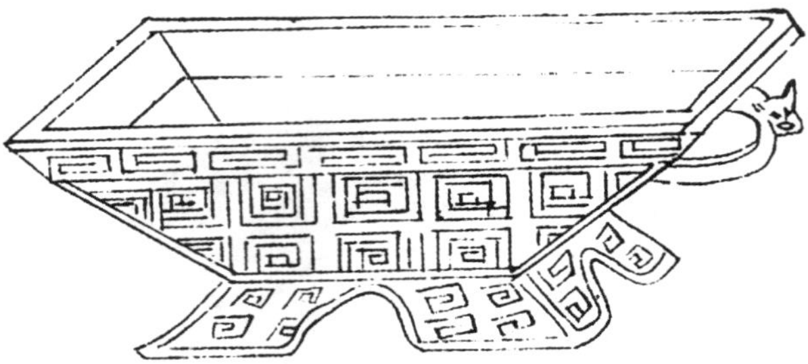

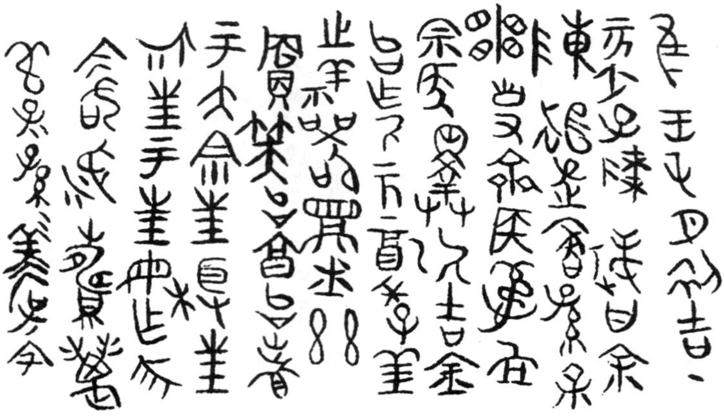

右陈逆簠，高三寸五分，深二寸五分，纵五寸，衡九寸。有耳。铭七十七字，文曰："唯王正月，初吉丁亥，少子陈逆曰：余，陈狟子之裔孙。余奭事齐侯，欢恤宗家，[illegible]乃吉金，以作乃元配季姜之祥器，铸兹宝笶，以享以孝于大宗、封稫、封犬、封于、封毋，作龙永命，沔寿万年，子=孙=羕保用。"此器作于鲁哀公二十年，时齐侯为平公鹜。《史记·田世家》言,田常相平公五年"割齐自安平以东至琅邪,自为封邑"。时田常正割齐地,故逆亦自正封邑而铭之彝器也。阮氏《钟鼎款识》、冯氏《金索》皆载之,考证綦详。今归邑人狄建鳌。

2. 周素铜

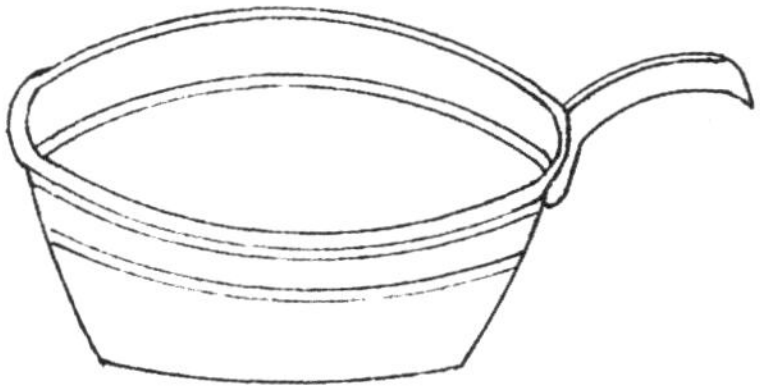

上铜高三寸三分,深约三寸二分,口径七寸六分,腹围二尺三寸五分。有柄。此器得于季家岭村河中,为季氏所藏。按:铜,《说文》谓之无足铛,《五音集韵》谓之铜铫。考魏武帝《上器物表》,有四石、五石铜铜,则知铜尚有极大者。此器与《西清古鉴》所载形制相同,故知为周器。《博古图》载梁山铜亦相似,但少柄耳。

3. 汉印一　左将军军司马印

上印即冯氏《金索》所载指为庞羲印者也。印有二,此印文与其第一相符。"羲",冯误"义"。邑人胡寿椿得之,藏于其家。按:蜀先主建安中为左将军,以庞羲为军司马,故冯氏指为羲物。

4. 汉印二　部曲将印

上印瓦钮。光绪元年出于古鄑城,今藏赵氏家。按：此印文《金索》有之。《后汉・百官志》：大将军营五部,部下有曲,曲下有屯。

5. 汉印三　即丘令印

上印见《金索》。

6. 汉印四　利成长印

上印亦见《金索》。均汉时官印,不知后归何处。

7. 汉印五　戈蒲盐丞印

上印瓦钮。光绪九年出于晒米城，今藏鄫城赵氏家。按：《汉·百官公卿表》微末之职，多以丞名。武帝设盐官，官制弗传，据此，是盐亦有丞也。“戈蒲”当是产盐之地，无考。

8. 汉印六　宪丘彊印

上印龟钮。光绪三年出于古鄫城，今藏赵氏家。按：郑渔仲《姓氏略》以邑以地为氏，如“谢丘”“瑕丘”之类，曰“丘”者三十有八，惟无“宪丘”。得此可补姓苑之缺。

9. 汉铜鼓

纹不能摹

铜鼓高一尺二寸，径一尺，围三尺有余，色黝，中空，面平，上有纹理，似篆非篆。藏车辋宋氏家，相传系宋澍视学秦陇时所得。按：铜鼓为南蛮宝贵之器，《后汉书·马援传》《晋书·食货志》《南史·欧阳頠传》《宋史·渤海国传》《桂海器志》《潜确类书》《玉海》等书多载之，大约有伏波、诸葛之别，赏鉴家颇多收藏者。此鼓不知何以流落秦陇，然为汉物无疑。

第十三章　德州市古方志载青铜器资料辑录(6条)

(光绪)《宁津县志》12卷(清光绪二十六年刊本)

卷次：卷十《艺文志·金石》

1. 商庚午父乙鼎

庚午王命寢苗辰
相北田四品之一夕止
冊友史錫賴貝
用作父乙尊廿冊冊

按：此鼎铭《宣和博古图》、薛氏《款识》、阮氏《积古斋》并摹刻。首行第五、六字，薛释“寝庙”，阮本剥泐阙文。今此鼎其字尚存，实作寷，乃古“寷庿”省文，薛释是也。末行障，阮释作“尊鼎”，疑是作尊二十。《周礼·膳夫》：“鼎十有二物。”郑注：“牢鼎九，陪鼎三。”又《郊特牲》：“鼎俎奇。”陈澔注：“其十鼎者，陪鼎三，则正鼎亦七。”由此论之，知庙祭之用鼎多矣。故此铸以二十，盖其备豫有如此者。《礼志》曰：皇祐五年闰月，制郊十二鼎，庙廿一鼎，常祀十鼎。当沿此鼎，记廿数之制，特拟议，以存一说。若此鼎，则三足已残其二，幸遇良工补完，两耳已伤其右，尚未至于断折。器为城南王庄吴氏家藏。

2. 商父辛爵

按：商器款识，“父辛”最夥，有立矛父辛鼎、立戈父辛尊、父辛彝、父辛卣、父辛觯、父辛匜、父辛鬲，具载薛氏、阮氏《款识》。即以爵论，有辛父辛爵、丙父辛爵、子壬父辛爵、拱井父辛爵，此爵则止“父辛”二字。上作双柱如盖，前流后尾，三足皆三棱，腹围作云雷饕餮纹，旁作一鋬，上衔龙首。铭在鋬里、腹间。通体光黑如漆，绝无青绿，传家旧也。器藏王庄吴氏。

3. 商析父己觚

析木形孫子

父己

按:《积古斋款识》有商析父己觶,其铭字全与此同,但此为觚耳。铭在口内,两行直下。首一字作爿片,乃析木形也;次曰孙子,曰父己。再按:赵太常摹本有析孙子父乙敦,其取义亦同。此器亦通体黝然如漆,亦吴氏家藏旧物。

4. 周鲁公觚

王尊彝

魯公作文

仪征阮文达公有鲁公鼎，文曰"□公乍文王隮彝"。又有亚形鲁公鼎，文全同，惟反文，从左向右读。此觚铭亦右行也。铭在觚足内，直分两行，颇有剥蚀。"□"即古"鲁"字，其鲁公鼎，阮氏以为伯禽之器，此鲁公觚，铭既无异，想亦当然。且凡觚制，卿士大夫其四角觚，棱皆自足至腹腰而止，惟国君觚乃直上达与口齐。此觚四棱通彻，螭皆重台，国君制也。器亦吴氏家藏。

5. 申洗

申

右洗。口面径九寸，高四寸。两旁有虎耳，底上作"申"字，其下作鼎形。斑绿半掩不可摹。器藏和庄李氏。

6. 重侯南吕戈　搨摹

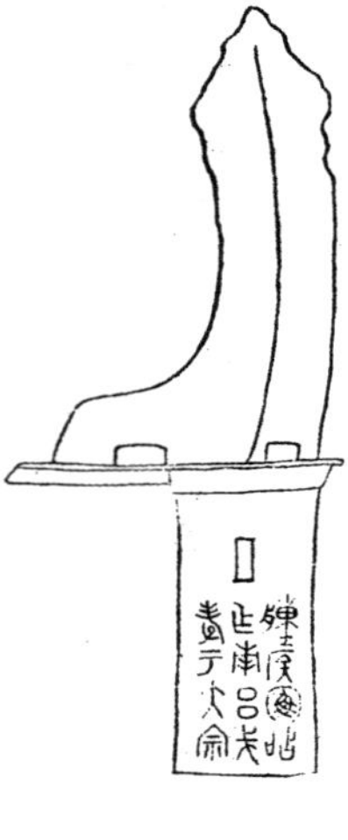

此乃庙祭仪仗之戈也。《路史·国名纪》有“重氏”，罗泌曰：沧之南皮有千童城，《年表》云“故重”是也，城在今无棣。按：汉无棣今为盐山县，其千童城即旧县镇。本属沧州，国朝雍正初始拨归盐山，所谓“故重”也。而此铭左加邑旁，则犹“燕”之作“鄹”，“息”之作“鄎”，明其为邑耳。《汉书·王子侯表》有重侯刘担，河间献王子也。《史记》作“摇”，亦作“阴”。而此戈侯名二字上作羃形，中作“鱼”，依文当作“䲡”，字书不载，殆亦如弘农王倪𠈇，未详音义者也。次作“呫”，《穀梁》庄二十七年传：未尝有呫血之盟。读如帖也。其曰“南吕”戈者，乃秋尝庙祭所舞之戈。《礼·月令》“仲秋……律中南吕”，言舞是戈以应南吕之节也。庙祭用戈者，《书·顾命》“四人綦弁，执戈上刃，夹两阶戺”是也，故曰：孝于大宗。大宗者，祖庙也，亦犹兑戈和弓陈于两序耳。器为双碓庄李氏家藏，文皆阳款。

第十四章　聊城市古方志载青铜器资料辑录(2条)

一、(康熙)《重修清平县志》2卷(清康熙五十六年刻本)

卷次：卷下《杂附》

1. 铜釜甑

清平修学，掘得铜釜甑，规制与今不同，盖不知何代器也。因作铭以志之。

二、(民国)《续修清平县志》(民国二十五年铅印本)

卷次：《艺文篇·金石》

1. 铜釜甑

旧志载筑修学宫，掘得此甑，规制与今不同，盖不知何代器也。因作铭以志之。然铭不载，今甑亦无可考。

附录一　山东古方志载封泥资料辑录(38条)

一、(民国)《山东通志》200卷(民国七年铅印本)(34条)

卷次：卷一百四十八《艺文志·封泥(附)》

1. 菑川王玺

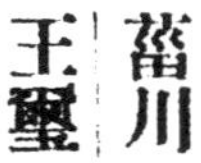

右封泥，玺文四字。器藏潍县陈氏。谨案：《汉书·地理志》"菑川国，故齐"。又《诸侯王表》，菑川王贤，孝文十六年立，反诛；懿王志，孝景四年以济北王徙立，传八世，王莽贬为公，废。此其玺也。

2. 菑川丞相

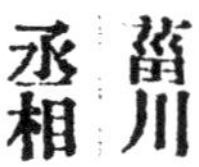

右封泥，印文四字。器藏潍县陈氏。谨案：《汉书·百官公卿表》诸侯王以丞相统众官。此菑川王之丞相印也。临淄县出土。

3. 定陶相印章

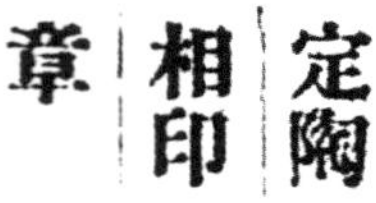

右封泥，印文五字。器藏海丰吴氏。谨案：《汉书·地理志》，宣帝甘露二年，更名济阴国为定陶。《诸侯王表》，甘露二年，宣帝立子嚣为定陶王；河平四年，元帝立子康为定陶王。此其相印也。

4. 高密相印章

右封泥，印文五字。器藏潍县陈氏。谨案：《汉书·地理志》"高密国，故齐。"宣帝本始元年，更胶西国为高密国。今莱州府之昌邑县、胶州之高密县，皆有前汉高密国地。国治高密县，在今高密县地。《汉书·诸侯王表》，高密哀王，本始元年立，传四世。王莽贬为公，废。此其相印也。

5. 鲁相之印章

右封泥，印文五字。器藏潍县陈氏。谨案：《汉书·地理志》"鲁国，故秦薛郡，高后元年为鲁国"。据《一统志表》，今兖州府之曲阜县、宁阳县、邹县、泗水县、滕县，皆有前汉鲁国地。国治鲁县，即今曲阜县。《史记·封禅书》，太初元年，官名更，印章以五字。《汉书·武帝纪》"数用五"，张晏曰："汉据土德，土数五，故用五谓印文也。若丞相曰‘丞相之印章’,诸卿及守相印文不足五字者,以‘之’足之。”此鲁相之印章即是也。

6. 齐中尉印

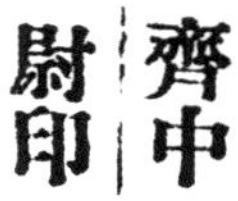

右封泥,印文四字。器藏潍县陈氏。谨案:《史记·诸侯年表》高帝子刘肥、《悼惠世家》武帝子闳,皆封齐王。《汉书·百官公卿表》,诸侯王以中尉掌武职。此齐王之中尉印也。

7. 菑川内史

右封泥,印文四字。器藏潍县陈氏。谨案:《汉书·百官公卿表》诸侯王以内史治国民。此菑川王之内史印也。临淄县出土。

8. 齐郡太守章

右封泥,印文五字。器藏潍县陈氏。谨案:《汉书·地理志》“齐郡,秦置,属青州”。据《一统志表》,今青州府之益都县、临淄县、博兴县、乐安县、临朐县,济南府之淄川县,皆有前汉齐郡地,郡治在今临淄县。《汉书·百官公卿表》:郡守,秦官,掌治其郡,秩二千石;景帝中二年,更名太守。

9. 泰山太守章

泰山太守章

右封泥，印文五字。器藏潍县陈氏。谨案：《汉书·地理志》“泰山郡，高帝置。属兖州”。据《一统志表》，今泰安府之泰安县、肥城县、新泰县、莱芜县，沂州府之费县、蒙阴县、沂水县，济南府之淄川县、长清县，皆有前汉泰山郡地。郡治先博县，后奉高，皆在今泰安县。

10. 北海太守章

北海太守章

右封泥，印文五字。器藏潍县陈氏。谨案：《汉书·地理志》“北海郡，景帝中二年置。属青州”。据《一统志表》，今青州府之益都县、寿光县、昌乐县、安邱县，莱州府之潍县、昌邑县，皆有前汉北海郡地。郡治在营陵县，今属昌乐。

11. 济阴太守章

濟陰太守章

右封泥，印文五字。器藏海丰吴氏。谨案：《汉书·地理志》“济阴郡，故梁。景帝中六年别为济阴国，宣帝甘露二年更名定陶，属兖州”。据《一统志表》，今曹州府之定陶县、菏泽县、城武县、巨野县、濮州，皆有前汉济阴郡地。郡治在今定陶县。

12. 东莱太守章

右封泥,印文五字。器藏潍县陈氏。谨案:《汉书·地理志》“东莱郡,高帝置。属青州”。据《一统志表》,今莱州府之掖县及登州府属县,皆前汉东莱郡地。郡治在今掖县。

13. 千乘太守章

右封泥,印文五字。器藏海丰吴氏。谨案:《汉书·地理志》“千乘郡,高帝置,属青州”。据《一统志表》,今青州府之高苑县、博兴县、乐安县,武定府之青城县、蒲台县,皆有前汉千乘郡地。郡治在千乘县,即今高苑县地。

14. 东郡太守章

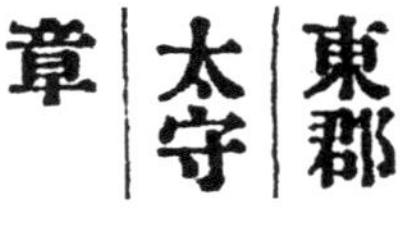

右封泥,印文五字。器藏潍县陈氏。谨案:《汉书·地理志》“东郡,秦置,属兖州”。据《一统志表》,今曹州府之郓城县、范县、观城县、朝城县,泰安府之东平州、东阿县,兖州府之阳谷县,东昌府之聊城县、堂邑县、博平县、茌平县、莘县,皆有前汉东郡地。郡治在今直隶大名府之开州。

15. 山阳太守章

山陽太守章

右封泥，印文五字。器藏潍县陈氏。谨案：《汉书·地理志》“山阳郡，故梁。景帝中六年别为山阳国，武帝建元五年别为郡，属兖州”。今曹州府之菏泽县、单县、城武县、巨野县、曹县，济宁州之金乡县、嘉祥县、鱼台县，兖州府之滋阳县、邹县，皆有前汉山阳郡地。郡治在昌邑县，即今金乡县地。

16. 琅邪太守章

琅邪太守章

右封泥，印文五字。器藏潍县陈氏。谨案：《汉书·地理志》“琅邪郡，秦置，属徐州”。据《一统志表》，今青州府之临朐县、安邱县、诸城县，沂州府之兰山县、莒州、沂水县、日照县，皆有前汉琅邪郡地。郡治在东武县，即令〈今〉诸城县。今胶州直隶州及所属之高密县、即墨县，亦皆有琅邪地。

17. 东海太守章

東海太守章

右封泥，印文五字。器藏潍县陈氏。谨案：《汉书·地理志》“东海郡，高帝置，属徐州”。据《一统志表》，今沂州府之兰山县、郯城县、费县，兖州府之泗水县、滕县、峄县，皆有前汉东海郡地。郡治在郯城，即今郯城县。

18. 泰山大尹章

右封泥，印文五字。器藏潍县陈氏。谨案：《汉书·王莽传》，始建国元年，改郡太守为大尹。《地理志》，王莽往往改易郡名。此“泰山”是仍汉旧而未改者，“泰山”见前“泰山太守章”。

19. 文阳大尹章

右封泥，印文五字。器藏潍县陈氏。谨案：《一统志表》，前汉文阳县在今兖州府宁阳县。《封泥考略》云：案《汉书·地理志》，鲁国汶阳县，莽曰“汶亭”，属豫州。《稽疑》曰：前汉属徐州。《后汉书·王梁传》作“文阳”，注云：“文”音“汶”，文阳，汶阳。无郡而曰大尹，且改县名为汶亭，其无郡太守明矣。史虽不足，自是莽官之印。又考汉铜印有“文阳长印”，见《缪篆分韵》。汉碑俗名“竹叶”者，“汶阳”皆作“文阳”。古布亦有作“文阳”者。又莽以县为郡甚多，见前“豫章南昌连率”，均此印之证也。

附《豫章南昌连率考》云：考豫章郡，高帝置，莽曰九江；南昌县，莽曰宜善。此不曰“九江宜善”，而曰“豫章南昌”，当是莽初置“连率”时，尚未改郡县，故仍曰“豫章南昌”。《王莽传》云：“其后岁复变更，一郡至五易名，而还复其故，吏民不能纪。每下诏书，辄系其故名。”亦可见莽之制度烦碎矣。

20. 瑯邱邑令

右封泥，印文四字。器藏海丰吴氏。谨案：《汉书·地理志》，瑯邱县属山阳郡。据《一统志表》，前汉瑯邱县在今兖州府滋阳县。《汉书·百官公卿表》：县令，秦官，掌治其县。皇太后、皇后、公主所食曰“邑”。如此瑯邱邑令是也。

21. 壮武长印

右封泥，印文四字。器藏潍县陈氏。谨案：《汉书·地理志》，壮武县属胶东国。在今胶州直隶州即墨县。《汉书·百官公卿表》：县长，秦官，掌治其县。减万户为长，秩五百石至三百石。

22. 薛令之印

右封泥，印文四字。器藏潍县陈氏。谨案：《汉书·地理志》“鲁国，故秦薛郡，高后元年为鲁国。属豫州。”有“薛县”。据《一统志表》，前汉薛县在今兖州府滕县。《汉书·百官公卿表》：县令，秦官，掌治其县。万户以上为令，秩千石至六百名〈石〉。

23. 东阿之印

右封泥，印文四字。器藏潍县陈氏。谨案：《汉书·地理志》，东阿县属东郡。据《一统志表》，前汉东阿县在今兖州府阳谷县。

24. 廪邱丞印

右封泥，印文四字。器藏潍县陈氏。谨案：《汉书·地理志》，廪邱县属东郡。据《一统志表》，前汉廪邱县在今曹州府范县。《汉书·百官公卿表》：县令、长皆有丞，秩四百石至二百石。

25. 临菑丞印

右封泥，印文错综，读为“临菑丞印”，出临淄。器藏潍县陈氏。《考略》云：案《汉书·地理志》，临淄，师尚父所封，县属齐郡。今传世汉器及印，“临淄”“淄川”皆作“菑”。谨案《一统志表》，前汉临淄县，即今青州府临淄县。

26. 姑幕丞印

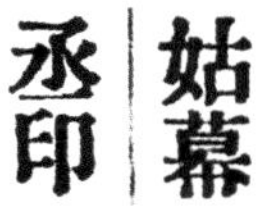

右封泥，印文四字。器藏潍县陈氏。谨案：《汉书·地理志》，姑幕县属琅邪郡。据《一统志表》，前汉姑幕县在今青州府诸城县。

27. 琅邪县丞

右封泥，印文四字。器藏潍县陈氏。《考略》云：案《汉书·地理志》，“琅邪县，越王句践尝治此，起馆台”，师古曰，“《山海经》云，琅邪台在琅邪之东”。封泥印有“县”字者，惟此。谨案《一统志表》，前汉琅邪县，属琅邪郡，在今青州府诸城县。

28. 东安丞印

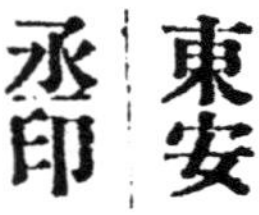

右封泥，印文四字。器藏潍县陈氏。谨案《一统志表》，前汉东安县属城阳国，在今沂州府沂水县。

29. 东安平丞

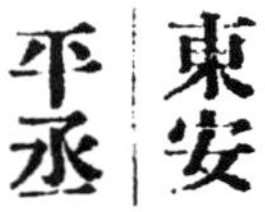

右封泥，印文四字。器藏潍县陈氏。《考略》云：案《史记·田单列传》“田单走安平”，注“徐广曰：今之东安平也，在青州临淄县东十九里。古纪之酅邑，齐改为安平。秦灭齐，改为东安平县，属齐郡，以定州有安平，故加‘东’字”。《汉书·地理志》：甾川国有东安平县。今此印大于汉官印，与秦官印大、私印小之论合，是秦印也。出临淄。

30. 即墨丞印

右封泥，印文四字。器藏潍县陈氏。谨案：《汉书·地理志》，即墨县属胶东国。据《一统志表》，前汉即墨县在今莱州府平度州。

31. 驺丞之印

右封泥，印文四字。器藏潍县陈氏。谨案：《汉书·地理志》，驺县属鲁国。据《一统志表》，前汉驺县在今兖州府邹县。

32. 临菑卒尉

右封泥，印文四字。器藏潍县陈氏。《考略》云：此“卒尉”官名不见《汉·表志》，或秦官。

33. 齐铁官印

右封泥，印文四字。器藏潍县陈氏。《考略》云：按《汉书·地理志》，齐郡临淄，注“有铁官”。此出古临淄土中，齐郡铁官之印也。

34. 剧魁侯相

右封泥，印文四字。器藏海丰吴氏。《考略》云：案《汉书·地理志》，剧魁县属北海郡。注"侯国"。《王子侯年表》：剧魁夷侯黑，菑川懿王子，传六世。此其相印也。谨案《一统志表》，前汉剧魁侯国在今青州府昌乐县。

二、(民国)《胶澳志》12卷(民国十七年铅印本)(2条)

卷次：卷十一《艺文志三·金石》

1. **即墨丞印**　汉封泥，印文四字，器藏潍县陈氏。见《续山东通志》[①]第一百四十八卷。

2. **壮武长印**　汉封泥，印文四字，器藏潍县陈氏。见《续山东通志》第一百四十八卷。

三、(民国)《续滕县志》5卷(民国三十年刻本)(2条)

卷次：卷五《金石》

1. 汉薛令之印封泥

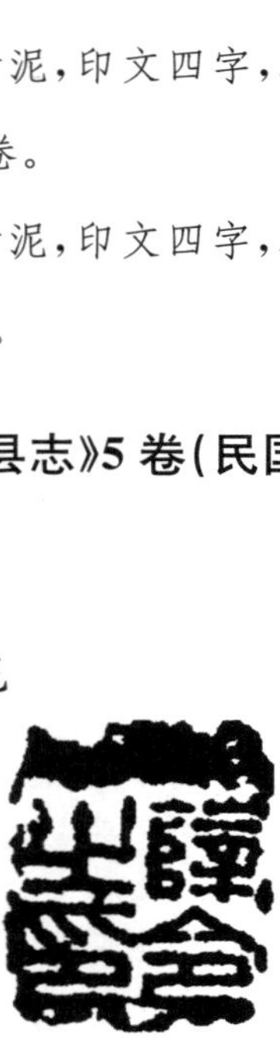

① 即上文所引民国时期编撰200卷本《山东通志》。

陈介祺《封泥考略》云：右封泥，四字印文曰“薛令之印”。按《汉书·地理志》：鲁国，故秦薛郡，高后元年为鲁国，属豫州，有薛县。《后汉书·盖延传》注：薛县故城在今徐州滕县东南。《汉书·百官公卿表》：县令，秦官，掌治其县。万户以上为令，秩千石至六百石。

2. 汉薛令之印封泥

陈介祺《封泥考略》云：右封泥，上又覆以泥，遂成阴文反字，右行，与“薛令之印”封泥同出土中，亦封泥未有之奇也。

附录二　山东古方志载钱范资料辑录(11 条)

一、(同治)《重修宁海州志》26 卷(清同治三年刻本)(1 条)

卷次：卷三《疆域志·(附)金石考》

1. 汉半两范

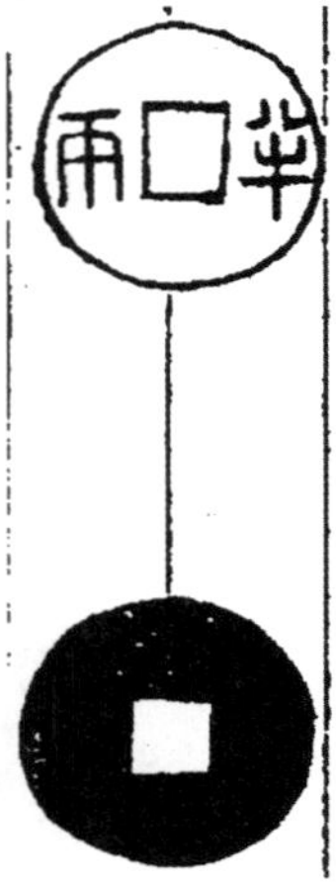

右半两钱。汉时制造，今桂山前冶头村，地名官地，掘土多钱范模，滑石为之。文皆半两，疑东牟侯受封，或敕赐泉局，准其铸冶也。桂山有铜矿，州南又有铁官山，昔或置官欤？抑遍览《泉志》

《泉谱》诸籍，宋元明诸儒，俱未考及宁海之半两。今以模范验之，已凿有可据，后之嗜古者，宜有以补之。按：范长匠尺八寸，厚七分，宽四寸有余。

二、(光绪)《宁津县志》12卷(清光绪二十六年刊本)(1条)

卷次：卷十《艺文志·金石》

1. 汉货布泉范

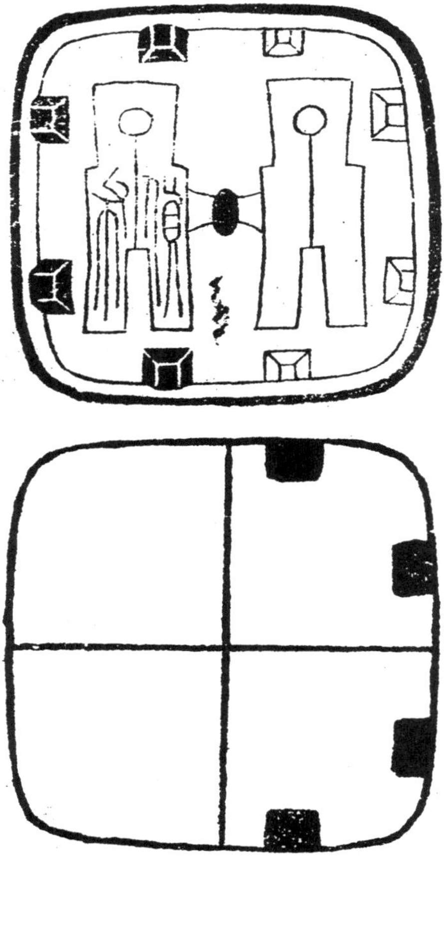

《汉书·食货志》：天凤元年，罢大小钱，改作货布。其圜好、足枝具详，分寸以虑虒铜尺量之，允合，此乃其鼓铸之模范也。四周皆有牝牡子口。城南吴氏藏器。

三、（光绪）《益都县图志》54卷（清光绪三十三年刻本）（3条）

卷次：卷二十六《金石志上》

1. 汉五铢铜范二种

右五铢铜范二，皆不完，一存四钱，一存六钱。阳文。盖范金必先合土，此土范之模也。钱文似西汉物。

2. 齐刀石范　存高柳庄孙氏，下同，周列国时。

齐厺化背三十化

光绪丁亥，范王庄掘土所得。范质以石屑陶冶而成，与刘燕庭所收“宝六化”石范同。

3. 汉八铢半两石范　高后二年。

半两

《前汉书·高后纪》：二年行八铢钱。封演曰：重八铢，文曰“半两”。此种石范，临菑出土甚多，姑存一品，以备一格。

四、（民国）《福山县志稿》10卷（民国二十年铅印本）（4条）

（一）卷次：卷六《艺文志·金石·金石存目·周》

1. 齐三字化土范

出小汪家村。范正面列刀二面，背面文三字。首通流道，长径宽，阙三字。字已模糊。与青州、临菑所出者同。

(二) 卷次：卷六《艺文志·金石·金石存目·汉》

1. 半两钱石范

2. 三铢钱石范

均出古城沟。列钱四行，每行为钱八枚，文曰“三铢”，旁行斜上。中有流道一线，正中首余空地约三寸许。背画纵横界方纹。长径八寸五分，宽三寸八分，厚四分。

3. 三铢钱范残石

仅余残角一方。列钱三行六枚，阴文同上，字尤精致。背已为村童凿为砚。

五、(民国)《牟平县志》10卷(民国二十五年铅印本)(1条)

卷次：卷九《文献志·金石·古物》

1. 汉半两钱范

今桂山前冶头村西，地名官地(距城三十五里)，掘土多有钱范出现，范以滑石为之，文曰“半两”。

考《史记》《汉书》所载，汉兴，患秦半两钱重，始铸荚钱(重三铢)，后又患轻，高后改用八铢(即秦钱)，旋改五分，文帝更造四铢，其文皆曰“半两”，至武帝罢半两铸五铢，由是半两钱文，始不再见，此钱范确系西汉古物。《州志》疑为“东牟侯受封，或敕赐泉局准其冶铸”，则不必然。查《寰宇记》云：“东牟县属东莱郡，有铁官盐官”，近其村人，掘地有得五铢钱及刀钱者，五铢钱系武帝时铸，刀钱系王莽时铸，可知其地设官冶铸，国有定制，并不随东牟侯为兴废也。今冶头村南有铁官山，村西又有铜清、铁清，皆汉时冶铸遗迹。

六、(民国)《重修莒志》77卷(民国二十五年铅印本)(1条)

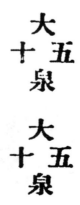

卷次：卷五十《文献志·金石·汉》

1. 新莽钱范

大
十　五
泉

大
十　五
泉

“大泉五十”铜范，癸亥孟冬下旬，得自归化，《古泉丛话》所谓“范母”者是也。特前人聚讼纷如，谓此乃小洗，非铸钱之物。余谓古泉范有阴文、阳文二种，阴文乃直接用铸泉者，阳文乃范之模，必用土蜡傅此模上，而后铸钱之范乃成。余得此范时，土蜡胶粘，洗涤经日乃去，益信前人范铜以范土之说为不诬也。庄恩泽。

右范三寸四分见方，范内右列正面钱形二。书作篆体阳文，曰“大泉五十”。左列背面钱形二，无文。庄恩泽藏。

附录三　载有青铜器(含封泥、钱范)资料的山东古方志信息表

地域	书名	卷数	(时代)作者	修成年份	志类	版本		金石类目			其他类目中的青铜器资料	备注
						版本	版本年份	有无	名称	青铜资料有无		
山东	(宣统)山东通志	200卷,另有首9卷、附录1卷、补遗1卷	(民国)张曜、杨士骧修,孙葆田等纂	1911	省志	民国七年铅印本	1918	有	艺文志·金石目录	有	无	
济南	(乾隆)历城县志	50卷,另有首1卷	(清)胡德琳修,李文藻等纂	1771	县志	清乾隆三十八年刻本	1773	有	金石考	有	无	
济南	(民国)续修历城县志	54卷	(民国)毛承霖纂修	1924	县志	民国十五年铅印本	1926	有	金石考	有	无	
青岛	(道光)重修平度州志	27卷	(清)保忠修,李图纂	1849	州志	清道光二十九年刻本	1849	有	金石考	有	无	
青岛	(民国)胶澳志	12卷,另有图1卷	(民国)赵琪修,袁荣叟纂	1918	乡镇志	民国十七年铅印本	1918	有	艺文志·金石	有	无	

续　表

地域	书　名	卷　数	(时代)作者	修成年份	志类	版　本		金石类目			其他类目中的青铜器资料	备注
						版　本	版本年份	有无	名　称	青铜资料有无		
淄博	(民国)临淄县志	35卷,另有首1卷	(民国)舒孝先修,崔象谷纂	1920	县志	民国九年石印本	1920	有	金石志	有	无	
	(民国)重修新城县志	26卷,另有首1卷	(民国)袁励杰、张儒玉修,王寀廷纂	1933	县志	民国二十二年铅印本	1933	有	金石志	有	无	
枣庄	(宣统)滕县续志稿	4卷	(民国)生克中撰	1911	县志	清宣统三年铅印本	1911	有	艺文志·金石	有	无	
	(民国)续滕县志	5卷	(民国)崔公甫修,高熙喆纂,生克中等续纂	1925	县志	民国三十年刻本	1941	有	金石	有	无	
东营	(民国)续修广饶县志	28卷,另有首1卷	(民国)王文彬、潘莱峰修,王寅山纂	1935	县志	民国二十四年铅印本	1935	有	艺文志·金石考证	有	无	
烟台	(同治)重修宁海州志	26卷	(清)舒孔安修,王厚阶纂	1864	州志	清同治三年刻本	1864	有	疆域志·(附)金石考	有	无	
	(光绪)增修登州府志	69卷	(清)方汝翼修,周悦让纂	1880	府志	清光绪七年刻本	1881	有	金石	有	无	

续 表

地域	书名	卷数	(时代)作者	修成年份	志类	版本		金石类目			其他类目中的青铜器资料	备注
						版本	版本年份	有无	名称	青铜资料有无		
烟台	(民国)福山县志稿	10卷,附黉门录1卷、民国志1卷	(民国)王陵基修,于宗潼纂	1914	县志	民国二十年铅印本	1931	有	艺文志·金石	有	无	
	(民国)莱阳县志	3卷,另有首1卷、末1卷	(民国)杨西桂、梁秉锟修,王丕煦纂	1934	县志	民国二十四年铅印本	1935	有	人事志·艺文·金石	有	无	
	(民国)牟平县志	10卷,另有首1卷	(民国)宋宪章修,于清泮纂	1935	县志	民国二十五年铅印本	1936	有	文献志·金石	有	无	
潍坊	(嘉靖)青州府志	18卷	(明)杜思修,冯惟讷等纂	1565	府志	明嘉靖四十四年刻本	1565	无			有	见《遗文·词章铭箴颂赞》
	(康熙)青州府志	20卷	(清)崔俊修,李焕章等纂	1673	府志	清康熙十五年刻本	1676	无			有	见《遗文·铭箴赞颂》
	(康熙)青州府志	22卷	(清)陶锦修,王昌学等纂	1721	府志	清康熙六十年刻本	1721	无			有	见《艺文》

续　表

地域	书　名	卷　数	(时代)作者	修成年份	志类	版　本		金石类目			其他类目中的青铜器资料	备注
						版　本	版本年份	有无	名　称	青铜资料有无		
潍坊	(光绪)增修诸城县续志	22卷	(清)刘嘉树修,苑棻池、邱濬恪纂	1892	县志	清光绪十八年刻本	1892	有	金石考	有	无	
	(光绪)益都县图志	54卷,另有首1卷、末1卷	(清)张承燮、李祖年修,法伟堂、孙文楷纂	1907	县志	清光绪三十三年刻本	1907	有	金石志	有	无	
	(民国)昌乐县续志	38卷	(民国)王金岳修,赵文琴、王景韩纂	1934	县志	民国二十三年铅印本	1934	有	金石志	有	无	
	(民国)寿光县志	16卷,另有首1卷	(民国)宋宪章修,邹允中、崔亦文纂	1936	县志	民国二十五年铅印本	1936	有	金石志	有	无	
济宁	(乾隆)曲阜县志	100卷	(清)潘相纂修	1773	县志	清乾隆三十九年刻本	1774	有	类记·金石	有	无	
	(光绪)滋阳县志	14卷	(清)黄恩彤纂,黄师誾续纂	1888	县志	清光绪十四年刻本	1888	有	金石	有	无	
	(光绪)邹县续志	12卷,另有首1卷	(清)吴若灏修,钱台纂	1892	县志	清光绪十八年刻本	1892	有	金石志	有	无	

续　表

地域	书名	卷数	(时代)作者	修成年份	志类	版本		金石类目			其他类目中的青铜器资料	备注
						版本	版本年份	有无	名称	青铜资料有无		
济宁	(光绪)鱼台县志	4卷,另有首1卷、末1卷	(清)赵英祚纂修	1889	县志	清光绪十五年刻本	1889	有	金石志	有	无	
	(光绪)泗水县志	15卷,另有首1卷	(清)赵英祚修,黄承艧、王自阡纂	1893	县志	清光绪十八年刻本	1893	有	旧迹志·金石	有	无	
	(光绪)嘉祥县志	4卷,另有首1卷	(清)章文华修,官擢午纂	1908	县志	清宣统元年刻本	1908	有	方舆志·金石	有	无	
	(民国)续修曲阜县志	8卷,另有补遗1卷	(民国)孙永汉修,李经野、孔昭曾纂	1934	县志	民国二十三年铅印本	1934	有	艺文志·金石	有	无	
泰安	(民国)东平县志	17卷	(民国)张志熙修,刘靖宇纂	1935	县志	民国二十五年铅印本	1936	有	金石志	有	无	
日照	(民国)重修莒志	77卷,另有首1卷	(民国)庐少泉修,庄陔兰纂	1935	县志	民国二十五年铅印本	1936	有	文献志·金石	有	无	
临沂	(光绪)费县志	16卷,另有首1卷	(清)李敬修纂修	1896	县志	清光绪二十二年刻本	1896	有	金石	有	无	

续　表

地域	书　名	卷　数	(时代)作者	修成年份	志类	版　本		金石类目			其他类目中的青铜器资料	备注
						版　本	版本年份	有无	名　称	青铜资料有无		
德州	(光绪)宁津县志	12卷,另有首1卷	(清)祝嘉庸修,吴浔源纂	1900	县志	清光绪二十六年刻本	1900	有	艺文志·金石	有	无	
临沂	(民国)临沂县志	14卷,另有首1卷	(民国)沈兆祎修,王景祜纂	1917	县志	民国六年刻本	1917	有	金石	有	无	
聊城	(宣统)聊城县志	12卷,另有首1卷、附3卷	(清)陈庆蕃修,叶锡麟纂	1910	县志	清宣统二年刻本	1910	有	艺文志·金石	有	无	
	(康熙)重修清平县志	2卷	(清)王佐纂修	1717	县志	清康熙五十六年刻本	1717	无			有	见《附录·杂附》
	(民国)续修清平县志	9册,另有首1册	(民国)梁钟亭、张丕堂修,张树梅纂	1936	县志	民国二十五年铅印本	1936	有	艺文篇·金石	有	无	

后　记

本书为2020年山东省社会科学规划地方党史研究专项“山东古方志中青铜器资料的编纂特色与历史价值研究”(批准号:20CDSJ27)的成果。如果没有这个项目,本书是没有机会问世的。该项目使我进一步认识到古方志是一座宝矿,古方志研究大有可为。

我在申报项目时,并未设想把搜集、整理的资料付梓。但身边同事、同学看到资料的打印稿,都认为有着一定价值,鼓励我将其出版。尤其是李志刚、朱华等泰山学院历史学院的同仁,不仅提供精神上的支持,还提供经费申请上的帮助,在此谨表谢意。

还要感谢山东省图书馆的马清源、金晓东等学友。他们为我搜集资料提供便利,还热心地帮忙联系东方出版中心,从而促成了本书的面世。

最后,感谢东方出版中心的陈义望先生、朱宝元先生、朱荣所先生、荣玉洁女士。他们不辞辛苦繁琐,与我商定了书稿出版的相关事宜,仔细审阅书稿,并提出了众多的修改意见。每当看到书稿上密密麻麻的修改痕迹,我都不禁赞叹他们的谨严周密。当然,书中可能出现的错误,责任全部在我,是我的固执和学问粗疏导致错误的出现。